# 한 권으로
# 끝내는
# 절세
# 노하우

김 승 현  세 무 사 의

# 한 권으로
# 끝내는
# 절세
# 노하우

김승현 지음

**2019 개정세법 반영**

사업자부터 근로 · 금융 · 연금 · 소득자, 프리랜서까지
필수 세금 상식과 구체적인 절세 방법의 모든 것!

요즘은 전국 어디를 가더라도 청년몰 골목상권, 청년 푸드트럭을 심심찮게 볼 수 있습니다. 20대 언저리로 보이는 청년들이 관광지를 배경으로 비지땀을 흘려 가며 요리를 하는 순간을 저 역시 종종 보았습니다. 한 사람, 한 사람이 각자 설계한 청사진을 따라 정직하게 노력하는 모습은 무척 아름답습니다. 그 모습을 가만히 보고 있으면 청년 특유의 싱그러움과 긍정적인 기운을 함께 전하여 받기도 합니다. 하지만 동시에, 도무지 나아질 기미가 보이지 않는 서민경제를 생각하며 쓸쓸하여지기도 합니다. 이 청년들이 밤낮 노력한 만큼의 결과를, 그에 합당한 보상을 받고 있는지 생각하면 덩달아 아득하여지는 것입니다. 그래서인지 제게 그 모습은 무척 찬란하게도, 반대로 이따금 안타깝게도 다가옵니다.

최근 한국에서 청년 창업과 같이 스타트업에 대한 관심도와 정부의 지원이 올라가면서 많은 젊은이들이 창업에 뛰어들고 있습니다. 더하여 청년들의 세금 관련 인식이 더욱 높아졌고, 세무사들에게 세금 자문을 구하는 연령층이 점점 더 어려지는 추세이기도 합니다. 또한 페이스북과 인스타그램, 카카오스토리 등과 같이 SNS(소셜 네트워크 서비스) 망을 이용하여 사업을 시작하는 사람들이 늘어나면서 그에 따라 세무사들도 더 이상 사무실에서만 세금 관련 컨설팅을 진행하지 않고 온라인으로 활발히 진출하고 있는 실정입니다. 세무 관련 상담이 일반 서민들에게 더 친숙하게 다가가는 과정 중에 있는 것입니다.

물론 사업소득자뿐만 아니라 성인이 아닌 학생들까지 대한민국 국민이라면 편의점에서 물 하나를 사더라도 금액의 일정 퍼센트로 측정한 부가가치세라는 세금을 냅니다. 사는 만큼 내고, 버는 만큼 내는 세금은 이론적으로 무척 정직한 제도로 보입니다. 그러나 '아는 만큼 보인다'라는 말도 있지요. 이를 세금과 관련하여서는 '아는 만큼 적게 낸다'라는 말로 바꿔 쓸 수 있겠습니다. 점점 축소되는 서민경제에서 세금은 마땅한 국민의 의무임과 동시에 적지 않은 부담이자 좀도둑 같은 존재입니다. 하여 세무사에게 세무 상담을 받고 세법에 관한 공부를 하신다면, 합법적이고 효율적인 절세법을 알 수 있습니다.

하지만 아직까지 농어촌지역에는 주변에 세무사와 세무사 사무실 네트워크가 활성화되지 않았고, 도시지역으로 가 보더라도 일반 시민이 세무사 사무실에 방문하여 상담을 진행하기는 여전히 부담스러운 현실입니다. 2016년부터 정부가 시행하고 있는 '마을세무사 제도'는 세무사들이 재능기부를 통하여 일반 서민들에게 무료 세무 상담 서비스를 진행하는 제도입니다. 국민이 형편과 관계없이 보다 양질의 세무 상담 서비스를 받을 수 있도록 하기 위하여 고안한 이 제도는 그 취지와 유효 적절성이 우수하지만 자리를 잡는 데까지 시간이 더 걸릴 것으로 보입니다.

이 책을 출간하려는 마음은 바로 이러한 현실에서부터 출발하였습니다. 거대 기업보다 절세에 관한 정보와 공부가 훨씬 절실한 일반 서민들에게 정작 세무사, 세무 상담이 먼 이야기에 불과하다는 상황을 고심하여 보았습니다. 온라인이나 가까운 서점에서 구매할 수 있고 집 근처 도서관에서 자리 잡아 공부할 수 있도록, 접근성이 쉬운 책으로 세금 관련 필수 정보와 절세법을 엮어 보기로 한 것입니다. 국가에서 사업소득자를 위한 감면 규정들을 여러 가지 제시하고 있으나 이를 제대로 활용하지 못하는 소득자들이 훨씬 많다는 것, 혹은 영수증과 세금계산서와 같이 종이들만 보관·관리하여도 절세할 수 있는 방안이 있음에도 불구하고 개인사업자들이 제대로 관리하지 못한다는 것, 이처럼 눈앞에서 놓치는 여러 가지 기초적이고 확실한 절세법부터 혼자서 취득하기 힘든 상속·부동산 등과 같은 고급 정보까지 모든 것을 알려 드리기 위하여 이 책을 만들었습니다.

서민 경제 활성화를 위하여 누구 하나 빠짐없이 총력을 다 하고 있으나 여전히 눈앞의 살길은 막막하기만 합니다. 어두운 터널을 묵묵히 건너는 마음처럼 작은 소리에도 예민하여지는 모종의 불안함, 이 암흑에 빛이 들어올지에 대한 회의감을 각자의 몫으로 나누어 가지게 되었습니다. 이 책이 비단 세금과 관련된 전문 서적일 뿐만 아니라 일반 서민들의 부담을 헤아리고, 개개인의 가계부를 종합적으로 검토하고 고민하여 보면서 도움과 희망을 드릴 수 있는 책이 되었으면 좋겠습니다. 이 시대에 희망, 용기, 노력 따위와 같은 단어들은 본래의 의미와 다르게 굴절되고 퇴색된 지 오래입니다. 그럼에도 불구하고 여전히 터널을 건너가기 위하여 한 발 한 발 내딛는 걸음, 직조하여 나가는 개인의 일상들이 있다는 것을 알고 있습니다. 저 역시 바닷가 앞에서 마스크와 장갑을 끼고 새우와 스테이크를 굽고 있던 청년들의 얼굴을 기억합니다. 그 모든 얼굴과 그 얼굴이 만들어 내고 있을 일상과 삶의 방향을 끊임없이 생각하면서 이 책을 펴냈습니다. 보다 더 쉽게 읽히는 글,

정확하게 이해되는 글을 쓰기 위하여서 명징한 단어와 가감 없는 진술, 체계적인 목차를 거듭 고민하였습니다. 책을 읽으면서 세금에 관한 일반 상식을 다시금 머릿속에 정립하고, 절세팁과 같이 미처 몰랐던 실용 상식을 알아 가실 수 있다면 좋겠습니다. 집에 굴러다니는 볼펜과 종이 한 장을 가지고 아무렇게나 낙서하고 메모하면서 읽어 주시길 바라며, 다시 한번 감사와 함께 응원의 인사를 전합니다.

# C·O·N·T·E·N·T·S

# 실용적인 세금 상식 및 절세팁

**PART 3**

PART
1

# 일반인에게 세금이 어려운 이유

스타트업을 하시는 분들이 가장 크게 골머리를 앓는 부분이 바로 세금입니다. 특히 스타트업에 이제 막 입문을 하였을 때, 사업주 입장에서는 하나둘씩 세어 보았을 때 세금 처리할 종류가 너무도 많기 때문입니다.

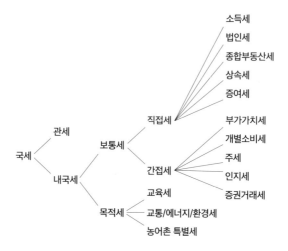

위와 같이 정리가 된 그림을 보더라도 '세금의 종류가 왜 이리도 많아?' 하며 어렵게 느끼시는 분들이 많으리라 생각이 듭니다. 그래서 저는 지금부터 여러분들에게 납부하여야할 세금 중에 중요한 종류에 대한 설명과 더불어 세금 처리가 어려운 이유에 관하여 함께 설명하여 드리려고 합니다.

# 원천세

제가 가장 먼저 설명하여 드릴 세금의 종류는 바로 '원천세'입니다.

원천세의 경우에는 직원을 고용하고 계시는 사업자분들이라면 모두 신고, 납부가 이루어져야 합니다. 당연히 원천징수 신고 의무는 정규직 직원에게 급여를 지급한 경우를 포함하여 프리랜서 소득자와 아르바이트와 같은 일용직에게 급여를 지급한 경우에도 동일하게 발생합니다. 그렇지만 원천세 신고와 같은 인건비 신고는 굉장히 복잡하고 일반인들이 잘 알지 못하는 내용이 많기 때문에, 신고를 잘못하는 경우가 종종 발생합니다. 이와 관련된 예시는 이렇습니다.

## 원천세 신고 잘못된 정보 예시

### 1. 원천세 신고는 정규직 ONLY?
대부분의 사업자들은 정규직에게만 원천세 신고가 이루어져야 한다고 생각합니다. 하지만 원천세 신고는 프리랜서소득자와 아르바이트와 같은 일용직에게 급여를 지급한 경우에도 징수의무가 발생합니다.

## 2. 비과세 되는 소득만 있어도 원천세 신고가 필요?

원천세 신고에 있어서 비과세소득은 신고 유무 자체에는 영향을 미치지 않습니다. 예를 들어 많은 분들이 일용직근로자인 경우 일일 15만 원 내외인 경우에는 비과세급여라 원천세 신고가 이루어지지 않아도 된다고 알고 계시는데, 이와 같은 내용은 분명 잘못된 정보입니다. 다시 말하여 지급하는 인건비 모두가 비과세 되어도 원천세 신고는 이루어져야 합니다.

많은 사업자들이 원천세 신고를 진행할 당시에, 위와 같은 내용을 굉장히 헷갈려 하고 이와 관련된 실수 또한 많이 하고 있습니다. 실제로도 가구 사업을 하고 있는 필자의 지인 중에서도 사업 초반에 원천세 신고를 진행할 때, 정규 직원들에 대한 신고는 진행하였음에도 일반 아르바이트생들에 대한 신고는 미처 진행하지 못하는 실수가 있었으며, 학원을 운영하고 있는 다른 지인 한 명 또한 비과세와 관련된 잘못된 정보를 접하고 15만 원에 해당하는 비과세 급여 신고를 진행하지 않았던 경험을 가지고 있습니다. 이와 같이 원천세 신고를 진행할 때에 위 두 가지 부분들에 대하여서는 대부분 잘못된 정보를 접하고 있거나, 자세히 모르기 때문에 실수가 잦다고 합니다.

# 부가가치세

    누구나 첫해의 첫 달인 1월은 많이 설렐 것입니다. 그렇지만 우리나라는 매년 1월이 되면 사업자분들이 굉장히 어려워하시는 '부가가치세' 확정 신고와 마주하게 됩니다. 사업자가 부가가치세를 신고하는 방안으로는 크게 두 갈래로, 세무대리인에게 수수료를 지급하여 세금 처리를 맡기는 방법과 세무대리인에게 수수료를 지급하지 않고 직접 처리하시는 방법으로 나뉩니다.

    7월 25일까지 신고·납부하는 부가가치세 상반기(1월~6월) 1기 확정 신고의 경우에는 원칙적으로 간이과세자가 아닌 일반과세자만 신고의무가 발생합니다. 사실 대부분의 소규모 사업자분들은 본인은 간이과세자이므로 이번 상반기 부가가치세 신고 대상에는 포함되지 않을 것이라고 생각하는 경우가 많이 있습니다. 그렇지만 직전 연도의 부가가치세를 포함한 매출금액에 따라서 간이과세자에서 일반과세자로 전환되는 경우가 발생할 수 있으니 꼭 확인하여 보셔야 합니다.

## 과세 전환 유형 예시

### 1. 간이과세자 → 일반과세자

간이과세자 중에서 직전 연도의 공급 대가의 합계 총액이 4,800만 원 이상이 될 경우 일반과세자로 과세유형이 전환되므로 다음 신고 기간 1월에 일반과세자로 부가가치세 확정 신고를 진행하여야 합니다.

### 2. 일반과세자 → 간이과세자

일반과세자 중에서 간이과세자 배제 대상에 해당되는 사업자들을 제외한 직전 연도의 공급 대가의 총 합계액이 4,800만 원 미만인 경우에는 간이과세자로 과세유형이 전환되므로 1월~6월까지의 매입 및 매출 내역 정리한 후 일반과세자로 부가가치세 신고를 진행하여야 합니다.

그렇지만 일반과세자로 전환되는 것과는 다르게, 간이과세자로 전환되는 경우에는 간이과세 포기제도가 존재하므로 일반과세자를 유지할 수 있습니다.

사실 대부분의 사업자들은 초기 사업에 들어가는 지출이 많아, 일반과세자로 등록 후 부가가치세를 환급받는 경우가 많습니다. 하지만 대부분의 사업자들이 미처 생각하지 못하는 부분이 있습니다. 일반과세자 등록을 통하여 부가가치세 환급을 받은 경우에 있어서는 실적 부진 등으로 간이과세자로 전환이 되면, 이전에 환급받았던 세액 중 일부 금액들을 추가 납부하여야 하는 상황이 발생합니다. 이뿐만 아니라 간이과세자의 경우에는 계속 거래하여 오던 업체들이 갑자기 세금계산서를 요청할 경우 간이과세자라서 세금계산서 발급을 하여 주지 못하는 경우가 발생하기도 합니다. 그래서 일반과세자에서 간이과세자로 전환된 사업자 대부분은 간이과세자를 포기하고 다시 일반과세자를 유지하기도 합니다. 하지만 이와 같은 경우에는 3년이라는 기간 동안 다시 간이과세 적용이 불가하기 때문에, 신중에 신중을 기하셔서 올바른 선택을 하시는 것이 좋습니다. 그리고 부가가치세의 경우 많은 분들이 신고를 하시면서 예상치 못한 변수가 생기는 경우도 종종 발생하며, 정책 또한 매년 바뀌는 경우가 많다 보니, 부가가치세에 대한 잘못된 정보를 알고 계시는 경우 또한 자주 볼 수 있습니다. 부가가치세 신고에 대하여 대부분 잘못 알고 계시는 가장 큰 부분은 다음과 같습니다.

건물을 양도하는 양도인은 따로 사업자 등록을 가지고 있지 않은 경우가 다반사입니다. 건물을 매매하는 양도인의 경우에는 사업자가 아닌 단순한 건물 양도자이므로 따로 부가가치세 신고는 요구되지 않습니다. 실제로 대부분의 건물 양도자들이 따로 부가가치세 신고를 진행하여야 하는 줄 알고, 관련 관공서나 세무서에 많이 문의를 하곤 합니다. 하지만 단순 양도자는 사업자로 분류되지 않으므로 부가가치세 신고 의무자에 해당되지 않습니다.

# 소득세

5월은 가정의 달이기도 하지만, '종합소득세' 신고의 달이기도 합니다. 종합소득세 신고는 사업소득이 있는 사업자뿐만 아니라, 연말정산으로 과세가 종결되는 직장인 또한 근로소득 외의 다른 소득이 존재할 경우에는 종합소득세 신고, 납부 의무가 발생합니다(반드시 시기를 놓치지 말고 5월까지 신고하시기를 강조 또 강조 드립니다). 따라서 많은 소득자들이 종합소득세 신고에 관하여 굉장히 궁금할 것입니다. 그러나 관련 정보에 대하여 따로 알고 있는 지식이 적은 사람들은 신고 절차를 밟는 도중 실수를 하거나, 충분히 세금을 줄일 수 있는데 세금 납부를 과하게 하는 경우도 많이 발생합니다. 참고로 우리나라 개인의 소득에 관한 과세 세목은 총 8가지로 분류하여 볼 수 있습니다.

---

① 이자소득 ② 배당소득 ③ 사업소득 ④ 근로소득
⑤ 연금소득 ⑥ 기타소득 ⑦ 양도소득 ⑧ 퇴직소득

---

예를 들어 A라는 인물은 사업을 통하여 소득을 발생시킨다면 그는 사업소득자로 분류할 수 있을 것이며, B라는 인물이 직장에서 매달 월급을 받고 있다고 가정하면 그는 근로소득자로 분류하여 볼 수 있을

것입니다. 이처럼 단순하게 어떤 업무를 통하여 소득을 벌어들이는지에 따라 과세되는 세목 자체는 쉽게 분류할 수 있습니다. 그런데 만약 어떤 사람이 직장에서도 일을 하고, 개인적으로 다른 소득이 발생하고 있다면 그 사람은 어떻게 과세 종류를 구별할 수 있을까요? 이런 경우에 놓여 있다면, 그 사람은 분리과세 또는 종합과세로 따로 분류하여 볼 수 있을 것입니다.

### 1. 분리과세
어떠한 일정 요건을 충족시킬 경우, 다른 소득과 합산하여 종합과세하지 않으며, 일정한 세율만 부담하고 분리하여 세금 납부 의무를 종결합니다.

### 2. 종합과세
일정 기준을 충족하게 될 시에는, 다른 소득과 합산하여 누진세율을 통하여 세금을 부담합니다.

예를 들어 C라는 인물이 일시적으로 강연료, 자문료 등의 기타소득이 발생하였다고 가정하여 보겠습니다. 그런데 C라는 인물은 동시에 직장에서 매달 월급을 받고 있는 근로소득자입니다.

만약 여러분들의 C의 입장이 되어 직장에서 월급을 받으면서 분리과세 선택도 가능한 원고료 등의 기타소득도 함께 발생하고 있어, 분리과세와 종합과세 중 하나를 선택하여야 한다면 어느 것을 선택하실 것입니까? 사실 이런 경우, 근로소득이 얼마인지에 따라서 결정이 달라질 수 있겠지만 대부분의 직장인들은 종합과세보다는 분리과세가 훨씬 더 유리합니다. 이는 대부분의 전문가들 또한 하나같이 입을 모아 이야기하는 사실이기도 합니다. 그럼 분리과세가 대체 왜 더 유리할까요?

그 이유는 바로 타 소득(근로 소득)과 합산이 되지 않으며, 기타소득 내에서만 과세가 종결되기 때문입니다. 특히 분리과세의 경우 소득이 고소득인 근로자인 경우에서는 훨씬 더 세금 부담을 덜어낼 수 있기 때문에 유리할 수 있습니다. 우리나라 세율 구조는 누진세율입니다. 따라서 소득이 합산되면 과세되는 소득에 더 높은 세율이 적용되어, 납부할 세금은 증가할 수밖에 없습니다(다만, 분리과세 되는 세율이 종합과세 되는 세율보다 높은 경우라면 당연히 분리과세가 가능한 소득도 종합과세에 합산하여 신고하는 것이 더 유리할 것입니다).

한 권으로 끝내는 절세 노하우

# 법인세

　'법인세'란 법인의 소득에 대하여 부과하는 세금을 말합니다. 이때, 법인은 일정한 목적과 조직을 가진 사람의 결합인 단체나 일정한 목적을 위하여 조성된 재산으로 법인격이 인정된 결합체입니다. 즉, 회사이지만 사람으로 취급하여 주는 것이라고 생각하면 쉽습니다.

　따라서 이러한 법인이 이득이 생기면 신고를 하여야 하는데, 이전 연도에 귀속된 법인세는 다음 연도 법인세 신고 기간에 맞추어 신고를 진행하면 됩니다. 즉, 2019년 귀속 법인세는 2020년 3월 31일이 신고 납부기한입니다. 법인세의 경우에는 법인 결산 시, 손금(비용)처리를 위하여 적격증빙을 수취하여 놓는 것이 법인세 신고의 주의사항이라고 이야기할 수 있습니다. 여기서 이야기하고 있는 법인세 적격증빙은 세금계산서와 신용카드 매출전표 및 계산서 그리고 현금영수증 등을 말합니다. 즉, 사업을 진행하면서 법인 통장으로 빠져나간 돈에 대하여는 세금계산서 혹은 계산서와 같은 법인세 신고 적격증빙을 받아 보관하여야 함을 말합니다. 쉽게 말하여서 내가 사업을 진행하면서 지출된 금액에 대한 증빙자료를 보관하여야 '법인세' 신고 시 절세가 가능하다는 것입니다.

사실 법인세 신고의 경우 제대로 된 방법으로 진행되지 않는다면, 뉴스에서 흔히 보이는 법인세 폭탄을 받을 수 있으니 조심하셔야 합니다. 실제로 우리나라의 대기업 중 하나인 '삼성전자'는 지난해에 거두었던 영업 이익에 대한 총액의 '28.6%'의 금액을 세금으로 내야 한다는 통보를 받았다고 알려졌습니다. 물론 삼성전자와 같은 대기업이 법인세 신고에 관하여 실수를 하지는 않았겠지만, 실제로 신고 방법이 잘못되어, '법인세 폭탄'에 대한 대가를 치르게 되었던 사업자들도 쉽게 찾아볼 수 있습니다.

모든 세금의 대부분을 담당하고 있는 국세청의 경우, 법인세 신고 기간 종료 후에는 제대로 된 세금 신고를 하지 않은 건에 대한 사후검증을 진행하고 있는데, 지금 이야기하고 있는 법인세는 단순한 실수의 경우 그냥 '가산세'로 끝나는 경우가 많지만 만약 '기업 자금을 부당 유출' 혹은 '부당 공제 및 감면' 그리고 '가공경비 계상'과 같은 부당 신고를 한 경우에서는 국세청에서 엄정한 검증을 통한 정확한 법인세 탈루액을 추정하게 됩니다. 실제 한 예로 제조업을 운영하는 한 기업에서는 노숙자와 신용불량자의 명의를 사용하여 가공 인건비 및 실제 지급하지 않은 외주가공비를 허위로 비용 계상하였습니다. 그리고 증빙이 없는 경비를 손익 계산서의 기타 항목으로 기재하여 법인세를 신고하였습니다. 그런데 국세청의 검증에 걸리게 되어 수억 원에 대한 금액을 추정당하였다고 합니다. 사실 사업자가 이와 같은 상황에서 의도하지 않았던 부분이라면, 법인세 신고를 진행할 때 평소보다 더욱더 꼼

24

꼼하게 체크를 하는 것이 옳지만, 사실 위와 같은 일이 생겨나지 않도록 사업체 자체 내에서 '조작된 장부'가 아닌 '투명한 장부 관리'가 기본이 되어야 하지 않을까 하는 생각이 듭니다.

## 일반인 또는 사업자들이 법인세 신고 시 실수하는 부분

### 1. 비용 과다 계상
1) 정규증빙 여부는 고려되지 않은 채, 비용이 과다하게 계상된 경우
2) 업무와 전혀 관련이 없는 경비를 복리후생비 및 수수료 계정과 같은 경우로 처리한 경우
3) 실제로 근무하지 않은 대표이사 및 주주인 가족(친지) 등에게 지급한 것으로 처리되어 있는 인건비
4) 실물 거래 없이 폐업자로부터 세금 계산서 수취

### 2. 조세특례제한법상 공제 및 감면 세액
1) 인증이 취소된 연구소 및 전담부서에서 발생한 비용 및 정부출연금을 지출한 비용의 경우 연구 인력 개발비 세액 공제 대상 제외
2) 상시 근로자 수가 감소한 중소기업의 경우 사회보험료 세액공제 대상에서 제외됨(다만, 상시근로자 계산 시 배우자 및 임원과 같은 인원은 제외)
3) 소기업 판단 시 상시근로자 수 기준이 폐지 및 업종별로 차등화되었으므로 업종별 기준 매출액을 초과하는 경우에는 중기업 감면 비율이 적용됨

# 증여세

　부모에게 재산을 물려받거나, 가족끼리 재산을 무상으로 넘겨주더라도 항상 세금은 발생하게 됩니다. 아무리 내가 평생 모아 놓은 재산이고, 그 재산을 심지어 내가 가진 권한으로 무상으로 넘겨주는 것이라 할지라도 '증여세'라는 세금이 발생할 수밖에 없는 것입니다. 그리하여 많은 사람들이 증여세 때문에 재산을 넘겨주기 전에도 고민을 하게 됩니다. 증여세의 경우에는 재산을 넘겨받는 사람이 누구인지 혹은 넘겨주는 재산의 총금액이 어느 정도인가에 따라서 세금이 결정되며, 혹여나 잘못 신고가 되거나 한다면 넘겨받은 총재산의 절반까지도 세금으로 넘어가거나 국세청의 조사까지도 이어지기도 하기 때문에, 이와 같은 증여세에 관하여 제대로 된 정보가 없는 일반인들은 세금에 대한 부담과 걱정이 생길 수밖에 없을 것입니다. 하지만 아무리 일반인들에게 어려운 증여세이더라도 미리 계획만 잘 세워 준비한다면 발생할 세금을 줄일 수 있습니다.

　대부분은 '증여세'의 특별 혜택에 대하여 모를 수밖에 없습니다. 증여세는 재산을 넘겨받거나 혹은 주는 인물이 가족이라면 증여세의 금액을 계산할 때에 증여재산의 일부를 공제시켜 줍니다. 실제로 증여재산 공제 한도를 살펴보았을 때, 배우자의 경우 재산에 대한 공제 한도는 6억 원입니다. 또한 10년간 한도 이내로 재산을 증여받게 될 경우, 배우자는 증여세가 전혀 발생하지 않습니다. 예를 들어 만약 배우자가 총금액이 8억 원의 재산을 넘겨받게 될 경우, 공제 한도인 6억 원을 제외한 2억 원에 대한 세금만 발생한다는 것입니다. 또한 만약 부모로부터 자녀가 재산을 물려받을 경우 총 5,000만 원까지 공제 한도가 적용되지만, 만약 미성년 자녀가 재산을 물려받을 경우 총 2,000만 원까지만 공제 적용됩니다. 가족 구성원이 증여재산 공제 한도 이내에 속한 재산을 넘겨받게 된다면 증여세는 전혀 발생하지 않습니다.

## 국세청이 밝힌 증여세에 대하여 일반인들이 가장 많이 하는 질문

### 1. 상속 등기 완료 후에 공동상속인 간에 대하여 재협의하여 상속등기 내용을 변경하게 되면 증여세가 과세될까요?

상속분이 확정된 이후에 상속재산에 대하여 공동상속인이 협의하여 분할한 결과로 특정 상속인이 당초 상속분을 초과하여 취득하게 되는 재산으로는 상속분이 감소한 상속인으로부터 증여받은 것으로 보기 때문에 증여세는 부과하지만, 상속세 과세표준 신고 기한 이내에 당초 상속분을 초과 취득한 경우에는 증여세를 부과하지 않습니다.

### 2. 보험료 납부자와 보험금 수령인이 다른 보험금에 관하여 증여세가 과세될까요?

생명보험·손해보험에 있어서 보험금 수령인과 보험료 납부자가 다를 경우에는 보험사고가 발생한 경우에 보험금 수령인이 보험료 납부자로부터 보험금 상당액을 증여받은 것으로 보아 증여세가 과세될 경우에 해당합니다.

**3. 거주자인 증여자가 비거주자인 수증자에 대한 증여세 대납 시에는 재차 증여에 해당될까요?**

거주자가 증여자가 비거주자인 수증자에게 국내에 가지고 있는 재산을 증여할 경우, 관할 세무서장으로부터 연대 납세의무 통지를 받기 전에 수증자가 납부하여야 하는 증여세를 대납한 경우에는 증여자가 납부한 증여세는 증여 재산에 대하여 해당하지 않습니다.

# 상속세

　재산을 물려줄 가족이 살아 있을 때, 재산을 넘겨주었을 때 발생하는 세금을 우리는 증여세라고 합니다. 하지만 반대로 재산을 가지고 있는 가족 혹은 친지가 사망하였을 때, 자동적으로 재산이 상속될 때 부과되는 세금을 우리는 '상속세'라고 이야기합니다. 가족으로부터 재산을 물려받을 경우 증여세 세금의 면제 한도가 가족 구성원에 따라서 달라지는 것과는 다르게, 상속세의 경우에는 재산의 총금액이나 상황에 따라서 면제되는 세금 한도가 달라지며, 세액 납부의 의무가 생겨나는 재산 상속인의 경우 상속개시일이 속한 달의 말일부터 6개월 이내에 피상속인의 주소지를 담당하고 있는 세무서에 상속세 신고를 진행한 후, 세액을 내야 합니다. 일반인들이 상속세에 대하여 자세히 알고 있는 경우가 드물기 때문에, 상속세에 대한 부과 범위 또한 다들 자세히 모르실 겁니다. 하지만 부과 재산 범위는 생각 외로 복잡하지 않습니다.

| 구분 | | 재산 범위(부과) |
|---|---|---|
| 상속세 | 거주자 사망 | 거주자의 국내외 모든 상속재산 |
| | 비거주자 사망 | 비거주자의 국내 소재 모든 상속재산 |

위와 같은 부분들에 관하여 많은 일반인들이 헷갈려 하십니다. 쉽게 풀어 설명하여 드리자면, 상속 재산의 경우에서는 국내에 주소를 가지고 있거나 1년 이상 거주지가 있는 거주자가 사망한 경우에서는 상속자가 거주자의 국내외에서 가지고 있는 모든 상속재산에 대한 상속세가 부과됩니다. 하지만 반대로 비거주자가 사망하였다면 국내 소재에서 가지고 있는 모든 재산에 대한 상속세가 부과되는 것입니다. 실제로 상속재산을 물려받는 많은 일반인들이 '피상속인의 사망으로 인한 보험금 수령을 받은 후, 이에 대한 상속세 과세대상에 해당하는지에 대한 부분을 많이들 궁금해하십니다.

국세청에 따르면 피상속인의 사망으로 인하여 지급받게 되는 생명보험 또는 손해보험의 보험금은 피상속인이 보험계약자이거나 실질적으로 보험료를 불입한 보험 계약에 의하여 지급받는 금액은 상속세가 부과된다고 이야기하였습니다. 또한 '상속재산으로 보고 있지 않은 재산'에 대한 질문에 국세청은 교통사고 및 항공사고로 인한 사망으로 지급받는 위자료 성격을 가진 보상금이나, 근로자의 업무상 사망으로 인하여 근로기준법 등을 준용한 사업자가 그 근로자의 유족에게 지급하게 되는 유족 보상금 혹은 재해 보상금 및 그 밖의 이와 유사한 것에 대한 상속세 부과는 되지 않는다고 밝혔습니다.

# 부동산 취득 및 보유 그리고 양도

부동산과 그에 대한 세금의 관계는 떼어질 수가 없는 사이라고 이야기합니다. 사실 그 어떠한 세금보다 부동산에 대한 세금의 종류는 생각 외로 간단합니다.

우선 부동산에 대한 세금으로는 '부동산 취득' 시 발생하는 세금과, '부동산 보유' 시에 발생하는 세금 그리고 마지막으로 '부동산 양도' 시에 발생하게 되는 세금으로 구분하여 볼 수 있습니다. 그렇지만 아직까지 부동산 취득 및 보유 그리고 양도 시 세금이 발생한다는 것에 대하여 일반인들은 자세히 알고 있지 못하시는 경우가 많습니다.

우선 첫 번째로 부동산 취득 시 발생하는 세금에 대하여 이야기하여 보면, 보통 부동산을 취득하게 된 후에는 등기를 하여야 합니다. 부동산 취득 후, 등기를 하면서 지불하여야 하는 취득세가 발생하게 되며, 취득세와 더불어 부과되는 '농어촌 특별세' 및 '지방교육세' 그리고 '인지세' 또한 발생하게 됩니다. 사실 일반인이 부동산 취득세에 대하여 자세히 알지 못하는 경우가 많다 보니, 많은 분들께서 부동산 취득세 및 부가적으로 지불하여야 하는 세금에 의문을 품는 경우가 많지만, 농어촌 특별세와 지방교육세 및 인지세는 어떠한 지역에서 거주하기 위하여서 꼭 필요한 세금입니다.

두 번째로는 부동산 보유 시 발생하는 세금을 이야기하여 보려고 하는데, 부동산 보유 세금은 자신이 어떠한 부동산을 보유하고 있을 때 발생하게 되는 세금입니다. 부동산 보유에 대한 세금은 2005년 이후부터 주택의 경우 건물과 토지를 통합한 후, '재산세' 및 '종합부동산세'만 과세가 되며 일반 건물의 경우에는 재산세만 과세가 됩니다. 마찬가지로 토지 보유에 대한 세금으로는 '종합합산대상'과 '별도합산대상' 토지로 나뉘어 재산세 및 종합부동산세가 과세되며, 종합부동산세는 일정 기준 금액을 초과할 경우에만 과세가 되고 있습니다. 마찬가지로 재산세의 경우에는 지방교육세 및 지역자원시설세 그리고 종합부동산세에서는 지방교육세 및 지역자원시설세 그리고 농어촌 특별세가 덧붙여서 부과가 되고 있습니다. 사실 부동산 보유 시 부과되는 세금이 워낙 복잡하고 많다 보니, 일반인들이 많이 헷갈리실 수 있습니다. 하지만 이 경우 자신이 해당되는 부분만 확실하게 알아두시면 세금에 대한 정리가 조금은 더 수월할 것이라 생각됩니다.

세 번째로는 부동산 양도 시에 발생하게 되는 세금에 대한 내용인데, 사실 많은 분들께서 부동산을 처분할 경우에도 세금이 부과된다는 사실을 모르고 계십니다. 하지만 부동산을 처분할 때도 '국세'에 해당되는 양도 소득세가 부과되며, 국세의 10%인 지방소득세 또한 함께 납부가 되어야 한다는 것 잊지 말아야 할 것 같습니다.

PART
2

# 일반적인
# 세금
# 상식

# 사업자 필수 상식 및 납부하여야 하는 세금
## (종합소득세, 부가세 기초)

이번 파트에서는 사업자들이 필수로 납부하여야 하는 세금인 소득세(종합소득세), 부가가치세와 사업자가 알아야 할 세금 상식을 분류하여 소개하여 드리고자 합니다.

---

### 1. 소득세

**Ｑ 소득세의 과세 종류는 어떻게 나뉠까?**
**Ａ** 소득세 과세 종류는 크게 종합과세와 분리과세, 분류과세로 나뉘게 됩니다.

**종합과세**
종합과세소득은 이자소득, 배당소득, 사업소득, 근로소득, 연금소득, 기타소득을 합하여 종합과세를 하는 것입니다. 5월 1일~5월 31일까지 신고·납부하는 것이 종합소득세신고입니다.

**분리과세**
분리과세소득은 종합과세하지 않고 다른 소득과 분리하여 과세하게 됩니다. 소득 지급 당시 원천징수만으로 과세가 종결됩니다. 추가적인 세금신고 납부는 없습니다.

---

한 권으로 끝내는 절세 노하우

### 분류과세

분류과세소득은 퇴직소득이나 부동산을 양도하여 생긴 양도 소득과 같이 오랜 근무기간 동안 형성되어 온 소득이 일시에 실현되는 것이라 타 소득과 합산하여 누진세율인 종합소득세율을 과세하게 되면 납세자에게 세 부담을 줄 수 있습니다.

**ⓠ 퇴직소득도 종합합산과세대상 소득일까?**

ⓐ 퇴직소득은 앞서 소개한 3가지 소득세 중에 분류과세에 속합니다. 따라서 분류과세소득인 퇴직소득은 퇴직소득의 법정산식에 따라 세금을 계산하여 납부하도록 규정되어 있습니다. 그렇기에 같은 해에 퇴직금을 받은 경우에는 그해에 종합소득에 포함하지 않고 별도로 과세를 하고 있습니다.

## 2. 종합소득세

**ⓠ 종합소득세를 신고·납부할 때 제한 없이 분할납부 제도를 이용할 수 있을까?**

ⓐ 종합소득세의 납부 기간은 매년 5월, 즉 5월 1일부터 5월 31일까지입니다. 성실사업자인 경우에는 한 달 더 신고납부기한이 연장됩니다. 아래 요건에 해당한다면 종합소득세를 분할하여 납부할 수 있습니다. 그러나 주의할 점은 지방소득세는 분납이 불가능하다는 점 기억하시기 바랍니다.

> ① 납부할 세액이 2,000만 원 이하일 경우: 1,000만 원을 초과하는 금액을 분납 가능
> ② 납부할 세액이 2,000만 원 초과할 경우: 세액의 50% 이하의 금액을 분납 가능

위 요건을 충족하여 종합소득세를 분납을 하기 위하여서는 별도 절차 없이 종합소득세 신고 시 단순히 분납금액을 표시하여 신고·납부하면 됩니다. 이 경우에 분납 기한은 2개월 후인 7월 31일까지입니다. 따라서 원금은 5월 31일, 분납금은 7월 31일까지 납부하면 됩니다.

**ⓠ 성실신고확인대상 사업자의 종합소득세신고 시 주의할 점은 무엇일까?**

ⓐ 성실신고확인제도란 수입금액이 일정 규모 이상인 사업자에게 소득세 신고를 할 때 장부와 증명서류에 대하여 정확성 여부를 세무대리인에게 사전에 확인받도록 하는 제도입니다. 다시 말하여 사업자가 제출하는 종합소득세 신고자료 등이 잘못된 것은 없는지 세무대리인이 사전 검토 후 인증하는 제도를 말합니다.

요새 국세청 분위기가 종합소득세 신고 마감 즉시 신고 서류들을 검토하여 불성실 신고 혐의가 있는 납세자에 대하여 검증자료 및 세무조사혐의를 강화하기로 하였기에 성실신고확인대상자의 경우에는 더 시간을 투자하여 신고를 정확하게 하여야 합니다.

## 성실신고대상사업자 혜택

- 성실신고 확인에 직접 지출한 비용의 60%만큼, 120만 원을 한도로 세액공제하여 줍니다.

- 기존 종합소득세 신고·납부 기한은 5월 31일이지만, 성실신고확인 대상 사업자가 성실신고확인서를 제출하는 경우에는 신고·납부 기한을 6월 30일까지로 연장하여 줍니다.

- 성실신고확인 대상 사업자로서 성실신고확인서를 제출한 자가 공제대상 의료비 및 교육비 공제 서류를 제출한 경우에는 근로소득자와 동일하게 의료비세액공제와 교육비세액공제를 반영할 수 있습니다.

## 성실신고대상사업자 제재

- 성실신고확인 대상 사업자가 성실신고확인서를 종합소득세 신고 관할 세무서장(사업장 주소 세무서장)에게 제출하지 아니한 경우에는 종합소득 산출세액(종합소득 중 사업소득 금액비율)의 5%를 가산세액으로 추가로 납부하여야 합니다.

- 성실신고세액공제, 의료비세액공제, 교육비세액공제를 받았다면 가산세까지 하여 추징대상이 될 수 있습니다.

- 동종업종 중에서 세무조사 선정대상이 될 확률이 높아집니다.

- 세무대리인은 만약 허위 또는 부실한 성실신고확인서에 세무대리인의 서명 후 제출하였다면 아래의 처벌을 받을 수 있습니다.

① 허위 확인 금액 5억 원 이상: 직무정지 1~2년

② 허위 확인 금액 1억 원 이상: 직무정지 3개월~1년 또는 500만 원~1,000만 원 이하 과태료

③ 허위 확인 금액 1억 원 미만: 견책, 직무정지 3개월 이하 또는 500만 원 이하 과태료

**❶ 종합소득세 신고 시 부동산임대업에서 발생한 손실을 부동산임대업 외의 사업에서 발생한 이익으로 서로 상계처리 하는 것이 가능할까?**

**❷** 부동산임대업과 부동산임대업 외 일반 사업소득을 겸업하고 있는 A씨가 있다고 가정하여 보겠습니다. 세법에 따르면 부동산임대업에서 발생한 결손금(손실)은 그 외의 소득에서 공제하지 않음을 원칙으로 한다고 규정되어 있습니다. 다시 말하면, 부동산임대업의 결손금(손실)은 10년간 이월하여 부동산임대업의 소득(이익) 내에서만 공제하게 되어 있습니다. 따라서 부동산임대업에서 결손(-)이 발생하였다고 하더라도 타 소득에서 공제하는 것은 불가능합니다. 그러나 반대로 일반 사업에서 결손금(손실)이 발생한 경우 부동산임대업의 소득(이익) 내에서는 공제하는 것은 가능합니다. 일반 사업소득에서 발생한 결손금의 경우에는 소득세법 법령 제45조 [결손금 및 이월결손금의 공제]에 의거하여 종합소득세 과세표준을 계산할 때 다음 소득을 순서대로 공제할 수 있습니다.

'근로소득 ⇒ 연금소득 ⇒ 기타소득 ⇒ 이자소득 ⇒ 배당소득'

공제를 하고 남은 결손금의 경우는 10년 동안 사업소득에서 공제를 한 후 위 순서대로 공제를 반복하게 됩니다.

---

**소득세법 법령 제45조[결손금 및 이월결손금의 공제]**

① 사업자가 비치·기록한 장부에 의하여 해당 과세기간의 사업소득 금액을 계산할 때 발생한 결손금은 그 과세기간의 종합소득과세표준을 계산할 때 근로소득 금액·연금소득 금액·기타소득 금액·이자소득 금액·배당소득 금액에서 순서대로 공제한다(2009.12.31. 개정).

② 제1항에도 불구하고 다음 각 호의 어느 하나에 해당하는 사업(이하 "부동산임대업"이라 한다)에서 발생한 결손금은 종합소득 과세표준을 계산할 때 공제하지 아니한다. 다만, 주거용 건물 임대업의 경우에는 그러하지 아니하다(2014.12.23. 단서 신설).

01. 부동산 또는 부동산상의 권리를 대여하는 사업(2017.12.19. 단서 삭제) 부칙

02. 공장재단 또는 광업재단을 대여하는 사업

03. 채굴에 관한 권리를 대여하는 사업으로서 대통령령으로 정하는 사업

(이하 생략)

## 3. 부가가치세

**ⓠ 우리가 납부하는 세금인 부가가치세는 과연 무엇일까?**

**ⓐ** 부가가치세란 물품을 제조하고 최종소비자에게 판매될 때까지 물품에 부가된 가치에 대하여 내는 세금을 말합니다. 다시 말해 최종소비자가 지불하는 물건 가격에는 부가가치세가 포함되어 있습니다. 즉, 부가가치세는 납세의무자(사업자)와 조세부담자(최종소비자)가 다른 간접세입니다. 사업자가 미리 부가가치세를 최종소비자로부터 받아 보관하고 있다가 국가에 납부하는 개념이므로 부가가치세는 분납이 인정되지 않습니다.

> 부가가치세 = 매출세액(매출액×10%) – 매입세액(매입액×10%)

### 부가가치세 과세기간

부가가치세 확정과세기간은 상반기(1~6월)분, 하반기(7~12월)분으로 나뉩니다. 그리고 부가가치세 예정신고 기간도 있는데, 확정 신고에 앞서 사업가가 소비자로부터 받아둔 부가가치세를 신고·납부하는 것입니다. 소비자가 부담한 세금을 사업자가 확정 납부하기에 앞서 미리 국고로 회수한다는 측면이 있습니다. 1월부터 3월까지의 영업실적에 대해서는 4월에, 7월부터 9월까지의 영업실적에 대하여서는 10월에 예정신고 및 납부를 하여야 합니다. 상반기 및 하반기 부가세 확정 신고 때 총 납부할 세금에서 예정신고 때 납부한 세액을 빼고 차액을 납부하도록 되어 있습니다.

| 사업자 | 과세기간 | | 확정 신고대상 | 확정신고·납부기간 |
|---|---|---|---|---|
| 일반과세자 | 제1기 | 1.1.~6.30. | 1.1.~6.30. | 7.1.~7.25. |
| | 제2기 | 7.1.~12.31. | 7.1.~12.31. | 다음 해 1.1.~1.25. |
| 간이과세자 | 1.1.~12.31. | | 1.1.~12.31. | 다음 해 1.1.~1.25. |

개인사업자인 경우에는 납부기한이 4월 25일, 10월 25일로 세무서장이 예정고지세액을 고지합니다(부가가치세 예정부과). 물론 납부된 예정고지세액은 확정 신고 시에 차감됩니다. 반대로 법인사업자인 경우에는 예정신고와 확정신고를 모두 신고·납부할 의무가 있어 총 4번의 부가가치세 신고·납부하여야 합니다.

## 부가가치세 면세사업자

아래의 품목들을 공급하는 면세사업자는 조세 정책상 부가가치세를 별도로 과세하지 않습니다. 즉, 부가가치세를 신고 및 납부할 필요가 없으며, 다음 해 2월 10일까지 면세사업장현황신고 의무가 있습니다. 면세사업장현황신고를 함으로써 따로 세금납부 의무가 발생하지는 않습니다.

> ① 곡물, 채소, 과실, 육류, 생선 등 미가공식료품의 판매
> ② 병·의원 등 의료보건용역(성형수술 등 일부 용역 제외)과 교육용역업(학원) 외
> ③ 도서, 신문, 방송(광고 제외) 외
> ④ 토지 공급, 인정용역, 금융 및 보험용역
> ⑤ 복권, 연탄, 무연탄 외

- 사업장 현황신고: 부가가치세가 면세되는 개인사업자가 1년간의 매출액과 이 기간 내에 받은 계산서 합계표를 제출함으로써 사업장 현황을 신고하는 것이며, 다음 해 1월 1일부터 2월 10일까지 사업장 관할 세무서에 신고하여야 합니다.

**Q 부가가치세의 꽃이라고 불리는 세금계산서란 과연 무엇일까?**

**A** 세금계산서는 사업자가 재화나 용역을 공급할 때, 상대방에게 부가가치세를 지불하였다는 사실을 증명하기 위하여 교부하는 영수증을 말합니다. 부가가치세법상 사업자등록을 한 사업자가 재화나 용역을 공급할 때는 아래 네 가지 사항이 정확히 기재되어야 합니다. 기한 내에 수정세금계산서를 발급하지 않으면 공급가액의 1% 가산세가 부과되기 때문에 주의하여야 합니다.

> ① 공급하는 사업자(공급자)의 사업자 번호와 성명 또는 명칭
> ② 공급받는 자의 등록번호
> ③ 작성연월일
> ④ 공급가액과 부가가치세액

## 세금계산서 발급

부가가치세법상 사업자등록을 한 사업자에 한하여 세금계산서를 교부할 수 있습니다. 그리고 일반사업자가 아닌 간이과세자는 적격증빙이 아닌 영수증만 교부할 수 있습니다. 그리고 면세사업자는 부가가치세 신고 의무 자체가 없기 때

문에 세금계산서가 아닌 계산서만 발행할 수 있습니다. 세금계산서 발급은 재화 및 용역을 공급한 자가 하는 것이며, 해당 사업자는 전자세금계산서를 발행하거나 수기(종이)세금계산서를 발행할 수 있습니다. 전자세금계산서는 국세청 홈택스에서 발급할 수 있으며, 해당 전자세금계산서는 매출자 및 매입자 모두 국세청 홈택스에서 조회할 수 있습니다.

수기(종이)세금계산서는 일정 규모 이하(직전 연도 사업장별 과세 공급가액 합계액이 3억 원 미만)인 개인사업자만 발행할 수 있으며, 전자세금계산서는 발급 내역과 발급받은 내역을 홈택스 사이트에서 조회가 가능하지만, 수기(종이)세금계산서의 경우에는 홈택스에서 조회가 불가능하므로 보관 관리를 철저히 하여야 합니다. 만일 수기(종이)세금계산서를 분실하게 되면 공급자는 공급가액의 1% 가산세를 납부하여야 하고, 공급받는 자는 매입세액 공제를 받지 못하는 제재를 받기 때문입니다.

### ❷ 영세사업자를 위한 간이과세자, 과연 어떤 제도일까?

❸ 간이과세자는 영세한 개인사업자의 부가가치세 신고 및 납부 등의 부담을 줄여 세무상으로 관리 측면에서 혜택을 주기 위한 제도입니다. 간이과세자는 법인사업자가 아닌 개인사업자인 경우에만 가능합니다. 그렇다면 영세한 개인사업자란 무엇인지 알아보겠습니다. 직전 사업연도 매출액이 4,800만 원 미만인 사업자인 경우를 영세한 개인사업자라 합니다. 만약에 이미 일반과세사업자를 보유하고 있는 경우나 간이과세적용을 배제하는 업종을 영위하는 경우에는 간이과세를 적용받을 수 없습니다.

| 구분 | 일반과세자 | 간이과세자 |
|---|---|---|
| 과세기간 | 1기: 1.1.~6.30.<br>2기: 7.1.~12.31. | 1.1.~ 12.31. |
| 세금계산서 발급 | 원칙적으로 세금계산서 발급 | 영수증만 발급 가능 |
| 환급 여부 | 환급 가능 | 환급 불가 |

간이과세자 부가가치세 계산 방식
간이과세자의 부가가치세는 업종별 부가가치율을 적용한 매출세액에서 업종별 부가가치율을 적용한 매입세액을 차감하여 계산합니다.

납부세액 = 매출액 × 부가가치율 × 10% - * 공제세액

* 공제세액 = (세금계산서상 매입세액 × 부가가치율)

| 업종 | 부가가치율 |
|---|---|
| 전기, 가스, 증기, 수도사업 | 5% |
| 소매업, 음식점업, 재생용 재료수집 및 판매업 | 10% |
| 농업, 임업, 어업, 제조업, 운수 및 통신업, 숙박업 | 20% |
| 부동산임대업, 건설업, 기타 서비스업 | 30% |

### 간이과세자 납부면제 대상자

간이과세자 중에서 연 매출액 3,000만 원 미만 사업자의 경우, 부가가치세 납부 의무를 면제하여 주고 있습니다. 이 경우 부가가치세 납부의무는 없지만, 부가가 치세 신고의무는 있으니 반드시 확인하셔야 합니다. 이는 영세 자영업자의 세금 부담을 줄이기 위함입니다. 유의할 점은 신규사업자는 월할 계산으로 판단한다 는 것입니다.

### 간이과세 포기

간이과세를 포기하고 일반과세를 선택할 수 있는 제도가 바로 간이과세 포기 제 도입니다. 아직 매출규모는 연간으로 환산하여 4,800만 원에 미치지 못하지만 간이과세를 포기하고 일반과세자로 전환함으로써 세금계산서 발급이 가능하여 지고 사업자와의 큰 거래를 유지할 수 있게 되기 때문에 부가가치세의 부담이 늘 어나더라도 고려하여 볼 사항입니다. 간이과세를 포기한 개인사업자가 3년이 지 난 후 간이과세의 적용을 받으려면 그 적용받으려는 과세기간 개시 10일 전까지 간이과세적용신고서를 관할 세무서장에게 제출하여야 합니다. 만약 간이과세적 용신고서를 제출하지 않으면 계속 일반과세자로 남겠다는 뜻으로 받아들여 일 반과세자로 남게 됩니다.

간이과세 포기로 일반과세자로 전환한 사업자는 전환일 전날까지의 부가가치세 를 일반과세자로 전환한 달의 25일까지 신고·납부하여야 합니다. 이때 간이과세 자로서 재고품, 건설 중인 자산, 감가상각자산(건물·구축물의 경우 10년 이내, 기

타 감가상각자산 2년 이내의 것)에 대하여 세금계산서 또는 신용카드 매출전표 등 수취분이 있는 경우 매입세액공제를 받지 못한 매입세액에 대하여 공제를 받을 수 있습니다. 다만, 감가상각 자산의 경우에는 경과된 과세기간에 해당하는 부분의 매입세액은 제외하고 공제받게 됩니다.

### 일반과세자로 전환

1년으로 환산한 공급대가(부가가치세 포함한 매출액)가 4,800만 원 이상이 된다면 다음 연도부터는 일반과세자로 전환됩니다. 반대로 직전 1년간의 공급 대가 합계액이 4,800만 원이 미달한 일반과세자는 다음 연도 7월 1일부터 간이과세자로 전환됩니다. 다만, 간이과세자로 전환될 경우 간이과세자 포기를 신청할 수 있습니다.

**ⓠ 영세율 매출인 수출, 과연 추가로 어떤 서류가 필요할까?**

**ⓐ** 영세율이란 재화를 수출하는 경우에 발생하며, 부가가치세 세율이 0%인 거래를 의미합니다. 수출기업 관점에서는 영세율 적용으로 인하여 매출세액은 0원이지만 매입세액은 공제가 가능합니다. 즉, 대부분이 환급세액이 발생한다고 볼 수 있습니다. 그렇지만 영세율을 적용받기 위하여서는 영세율 관련 첨부서류를 제출하여야 합니다(만약 제출하지 않는 경우에는 영세율 관련 가산세를 납부하게 됩니다).

● **수출방식별 첨부서류 목록**

① 직접수출, 대행수출 - 수출실적명세서 혹은 간이수출신고 수리필증 혹은 소포수령증
② 중계무역방식의 수출, 위탁판매 수출, 외국인도수출, 위탁가공 수출 - 수출대행계약서 사본 및 외화입금증명서
③ 내국신용장·구매확인서에 의한 공급 - 내국신용장·구매확인서 사본 또는 수출대금입금증명서
④ 한국국제협력단에 재화 공급 - 한국국제협력장 발행 공급 사실 증명서
⑤ 국외에서 제공하는 용역 - 외화입금증명서 혹은 용역공급계약서
⑥ 선박, 항공기의 외국항행 용역 - 외화입금증명서, 공급가액 확정명세서
⑦ 국내에서 비거주자·외국 법인에 공급하는 재화 및 일부 용역 - 임가공계약서 사본 및 납품 사실 증명서 혹은 수출대금입금증명서, 내국신용장 혹은 구매확인서 사본
⑧ 수출 재화 임가공 용역 - 임가공계약서 사본 및 납품 사실 증명서 혹은 수출대금입금증명서, 내국신용장 혹은 구매확인서 사본

## ❓ 의제매입세액공제 과연 어떤 제도일까?

🅐 면세제품은 당연히 과세제품과는 다르게 매입세액이 불공제됩니다. 그러나 의제매입세액공제 제도를 통하여서는 면세제품도 매입세액공제를 받을 수 있습니다. 의제매입세액공제란 면세 품목인 농산물 등을 원재료로 하여 가공한 후 판매하는 경우를 말합니다. 따라서 면세농산물 등을 구입한 후 제조나 가공을 하지 않고 그대로 판매를 한다면 의제매입세액공제를 받을 수 없습니다.

### 의제매입세액공제 적용요건

의제매입세액공제 적용요건은 아래와 같습니다.

1. 사업자 등록된 부가가치세 과세사업자(간이과세자는 음식점과 제조업에 한함)
2. 부가가치세 면세로 공급받은 농산물, 축산물, 수산물, 임산물
3. 농산물 등을 원재료로 하여 재화를 제조·가공 또는 용역을 창출하여야 합니다.
4. 제조·가공한 재화 또는 창출한 용역의 공급이 부가가치세가 과세되어야 합니다.

### 일반과세자 의제매입세액공제율

일반과세자의 의제매입세액공제율은 아래와 같습니다.

| 구분 | 공제율 |
|---|---|
| 음식점(개인사업자) | 4억 원 이하 9/109<br>4억 원 초과 8/108 |
| 음식점(법인사업자) | 6/106 |
| 음식점(과세 유흥장소) | 4/104 |
| 중소기업과 개인사업자의 제조업 | 4/104 |
| 위 경우 외의 사업 | 2/102 |

### 간이과세자 의제매입세액공제율

간이과세자의 의제매입세액공제율은 아래와 같습니다.

| 구분 | 공제율 |
|---|---|
| 음식점업 | 8/108 |
| 과세 유흥장소 및 제조업 | 4/104 |

## 의제매입세액공제 증빙

의제매입세액공제를 받기 위하여서는 계산서, 현금영수증, 신용카드전표 등 적격증빙이 필요합니다. 다만, 농어민에게 직접 발급받는 영수증은 적격증빙이 아니더라도 의제매입세액공제가 예외적으로 가능합니다.

## 의제매입세액공제 한도

의제매입세액공제도 공제 한도가 있기 때문에 한도액을 고려하여야 합니다. 공제 한도는 다음과 같습니다. 단, 간이사업자는 한도가 없습니다.

| 공제 한도(2019년 개정안) | | | |
|---|---|---|---|
| 구분 | 기준금액 | 음식점업 | 그 외 업종 |
| 개인사업자 | 반기매출액 2억 원 초과 | 50% | 45% |
| | 반기매출액 1억 원 초과 2억 원 이하 | 60% | 55% |
| | 반기매출액 1억 원 이하 | 65% | 55% |
| 법인사업자 | 40% | | |

**Q 현금영수증 의무발행 업종의 주의사항은 무엇이 있을까?**

**A** 현금영수증 의무발행 업종을 영위하고 있는 사업자는 소비자의 요청이 없더라도 의무적으로 현금영수증을 발행하여야 합니다. 그렇다면 소비자의 정보가 없을 경우에는 어떻게 현금영수증을 발행하여야 하는지 궁금해하실 수 있습니다. 소비자의 정보를 모르는 경우에는 국세청 지정코드(010-000-1234)로 자진 발급하여야 문제가 되지 않습니다. 만약 현금영수증 의무발행업종 사업자가 건당 10만 원 이상의 거래에 대하여 현금영수증을 발급하지 않은 경우, 해당 금액의 20%를 미발급 가산세로 부과하게 됩니다.

**Q 매출세금계산서 발행분을 매입자가 카드 결제할 경우 세무처리 방안은 어떻게 처리하여야 할까?**

**A** 공급자(매출자) 입장 : 공급자는 재화 또는 용역을 공급한 후 매출세금계산서를 발행하였습니다. 그러나 해당 외상매출금을 신용카드로 결제받은 경우 공급자 입장에서는 새로운 신용카드 매출이 아니고 단순히 해당 외상매출금에 대한

대금결제를 받은 것뿐입니다. 그러나 홈택스에서는 매출세금계산서와 신용카드 매출 모두 새로운 매출로 인식을 합니다. 따라서 신용카드 결제 분은 부가가치세 신고 시 매출 자료에서 제외하고 신고를 하여야 합니다. 따라서 실무적으로 매출자, 매입자 모두 불부합 자료로 판명되지 않도록 주의하여야 합니다.

공급받는 자(매입자) 입장 : 공급받는 자는 재화 또는 용역을 공급받은 후 매입세금계산서를 발급받았습니다. 그러나 해당 외상매입금을 신용카드로 결제한 경우 공급받는 자 입장에서는 새로운 신용카드 매입이 아니고 단순히 해당 외상매입금에 대한 대금결제를 한 것뿐입니다. 그러나 홈택스에서는 매입세금계산서와 신용카드매입 모두 새로운 매입으로 인식을 합니다. 따라서 신용카드 결제 분은 부가가치세 신고 시 매입 자료에서 제외하고 신고를 하여야 합니다. 실무적으로 매출자, 매입자 모두 불부합 자료로 판명되지 않도록 주의하여야 합니다.

### ❷ (매출)미수금에 대하여 대금 회수를 하지 못한 경우 납부한 부가가치세는 어떻게 처리하여야 할까?

❸ 대손세액공제 의의 : 사업자는 물품을 판매한 후 매입자로부터 부가세를 수취하는지 아닌지 여부와는 상관없이 먼저 부가세신고 시 매출 관련된 부가세를 납부하게 됩니다. 그러나 거래처의 파산, 폐업 등으로 물품대금뿐만 아니라 부가세를 수취하지 못하게 되면 상황이 곤란하여집니다. 이러한 경우를 대비하여 세법에서는 대손세액공제제도를 두고 있습니다. 최소한으로나마 납부한 부가가치세라도 돌려받기 위함입니다. 하지만 대손세액공제요건 또한 까다롭기 때문에 건건이 검토를 하여 볼 필요가 있습니다.

### 대손세액공제 산식
대손 세액 = 대손 금액 × 10/110

### 대손세액공제 방법
대손세액공제를 받는 방법은 우선 부가가치세 예정신고가 아닌 확정 신고 때만 가능합니다. 그리고 증명서류들이 필요합니다. 예를 들어 채무자가 파산사유로 인하여 대손이 발생한 경우에는 채권배분계산서, 강제집행으로 인한 경우에는 채권배분계산서배당표, 대표자의 사망 및 실종일 경우에는 가정법원판결문, 채권배분계산서 등이 필요합니다. 기본적으로 부가가치세에 대한 대손세액공제는 부가가치세가 과세되는 재화 또는 용역을 공급하여야 한다는 전제가 있습니다. 그리고 공급일로부터 5년이 지난 날이 속하는 과세기간의 확정신고 기간까지 대손세액으로 공제받을 수 있습니다.

### ⓠ 수정세금계산서 발급 사유와 절차는 어떻게 될까?
Ⓐ 수정세금계산서 수정 사유별 작성 방법은 다음과 같습니다.

• 처음 공급한 재화가 환입된 경우
- 환입된 날을 작성일로 적고, 환입된 금액만을 음(-)의 수정세금계산서 1장 발급합니다(이때, 비고란에 처음 세금계산서 작성 일자를 덧붙여 적습니다).
- 재화가 환입된 날이 속하는 달의 다음 달 10일까지 발급, 환입된 날이 속하는 과세기간의 부가가치세 신고에 반영합니다(수정신고는 안 합니다).

• 계약의 해제로 재화 또는 용역이 공급되지 아니한 경우
- 계약 해제일을 작성일로 적고, 음(-)의 수정세금계산서 1장 발급합니다(이때, 비고란에 처음 세금계산서의 작성일자를 덧붙여 적습니다).
- 계약 해제일이 속하는 달의 다음 달 10일까지 발급, 계약의 해제일이 속하는 과세기간의 부가가치세 신고에 반영합니다(수정신고는 안 합니다).

• 계약의 해지 등으로 공급가액에 추가 또는 차감되는 금액이 발생한 경우
- 증감사유가 발생한 날을 작성일로 적고 추가되는 금액은 정(+)의 수정세금계산서를 발급하고, 차감되는 금액은 음(-)의 수정세금계산서를 발급합니다.
- 공급가액 증감사유가 발생한 날이 속하는 달의 다음 달 10일까지 발급하고. 증감사유 발생일이 속하는 과세기간의 부가가치세 신고에 반영합니다(수정신고는 안 합니다).

• 내국신용장 등이 사후에 개설된 경우
- 과세기간 내 내국신용장 등이 사후 개설된 경우 처음 발급한 세금계산서의 작성일자를 작성일자로 하여, 처음 세금계산서 공급가액 등에 대하여 음(-)의 수정세금계산서와 정(+)의 영세율 수정세금계산서 각 1장(총 2장)을 내국신용장

등이 개설된 날 다음 달 10일 이내 발급합니다.
- 과세기간 경과 후 25일 이내 내국신용장 등이 사후 개설된 경우 처음 발급한 세금계산서의 작성일자를 작성일자로 하여, 처음 발급한 세금계산서 공급가액에 대하여 음(-)의 수정세금계산서와 정(+)의 영세율 수정세금계산서 각 1장 (총 2장)을 과세기간 종료 후 25일 이내 발급합니다.

- **필요적 기재사항 등이 착오로 잘못 기재된 경우**
- 처음에 발급한 세금계산서의 내용대로 음(-)의 수정세금계산서를 발급하고, 올바르게 수정하여 발급하는 정(+)의 수정세금계산서 각 1장(총 2장) 발급합니다(단, 세무조사의 통지, 세무공무원 현지출장, 과세자료 해명안내 통지, 기타 경정이 있을 것을 미리 안 것으로 인정되는 경우 수정세금계산서 발급 불가).

- **필요적 기재사항 등이 착오 외의 사유로 잘못 적힌 경우**
- 재화 및 용역의 공급일이 속하는 과세기간에 대한 확정 신고 기한까지 수정발급 가능, 처음에 발급한 세금계산서의 내용대로 음(-)의 수정세금계산서를 발급하고 올바르게 수정하여 발급하는 정(+)의 수정세금계산서 각 1장(총 2장) 발급합니다(단, 세무조사의 통지, 세무공무원 현지출장, 과세자료 해명안내 통지, 기타 경정이 있을 것을 미리 안 것으로 인정되는 경우 수정세금계산서 발급 불가).

- **착오로 전자세금계산서를 이중으로 발급한 경우**
- 처음에 발급한 세금계산서의 내용대로 음(-)의 수정세금계산서 1장 발급합니다.

- **면세 등 발급대상이 아닌 거래 등에 대하여 발급한 경우**
- 처음에 발급한 세금계산서의 내용대로 음(-)의 수정세금계산서 1장 발급합니다.

- **세율을 잘못 적용하여 발급한 경우**
- 처음에 발급한 세금계산서의 내용대로 음(-)의 수정세금계산서 발급하고, 올바르게 수정하여 발급하는 정(+)의 수정세금계산서 각 1장(총 2장)을 발급합니다.

## 수정세금계산서 발급에 따른 부가가치세 수정신고 여부

- 작성일자가 소급되지 않는 경우: 환입, 계약해제, 공급 가액변동
- 수정세금계산서도 해당 사유가 발생한 과세기간에 포함되므로 별도 수정신고 필요 없습니다.

- 작성일자가 소급되는 경우: 착오 등에 의한 발급 등
- 신고기한 내 수정사유가 발생한 경우, 신고기한 내 당초 및 수정세금계산서가 발급된 경우 합산신고하면 되므로 수정신고는 필요 없습니다.
- 신고기한 경과 후 수정사유가 발생한 경우, 신고기한 경과 후 수정세금계산서 가 발급된 경우 합산신고할 수 없으므로 수정신고를 하여야 합니다.

**부가가치세법 시행령 제70조 [수정세금계산서 또는 수정전자세금계산서의 발급사유 및 발급절차]**

01. 처음 공급한 재화가 환입(還入)된 경우: 재화가 환입된 날을 작성일로 적고 비고란에 처음 세금 계산서 작성일을 덧붙여 적은 후 붉은색 글씨로 쓰거나 음(陰)의 표시를 하여 발급

02. 계약의 해제로 재화 또는 용역이 공급되지 아니한 경우: 계약이 해제된 때에 그 작성일은 계약 해제일로 적고 비고란에 처음 세금계산서 작성일을 덧붙여 적은 후 붉은색 글씨로 쓰거나 음 (陰)의 표시를 하여 발급

03. 계약의 해지 등에 따라 공급가액에 추가되거나 차감되는 금액이 발생한 경우: 증감 사유가 발 생한 날을 작성일로 적고 추가되는 금액은 검은색 글씨로 쓰고, 차감되는 금액은 붉은색 글씨로 쓰거나 음(陰)의 표시를 하여 발급

04. 재화 또는 용역을 공급한 후 공급시기가 속하는 과세기간 종료 후 25일(과세기간 종료 후 25일 이 되는 날이 공휴일 또는 토요일인 경우에는 바로 다음 영업일을 말한다) 이내에 내국신용장 이 개설되었거나 구매확인서가 발급된 경우: 내국신용장 등이 개설된 때에 그 작성일은 처음 세금계산서 작성일을 적고 비고란에 내국신용장 개설일 등을 덧붙여 적어 영세율 적용분은 검 은색 글씨로 세금계산시를 작성하여 발급하고, 추가하여 처음에 발급한 세금계산서의 내용내 로 세금계산서를 붉은색 글씨로 또는 음(陰)의 표시를 하여 작성하고 발급 (2015.2.3. 개정)

05. 필요적 기재사항 등이 착오로 잘못 적힌 경우(다음 각 목의 어느 하나에 해당하는 경우로서 과 세표준 또는 세액을 경정할 것을 미리 알고 있는 경우는 제외한다): 처음에 발급한 세금계산서 의 내용대로 세금계산서를 붉은색 글씨로 쓰거나 음(陰)의 표시를 하여 발급하고, 수정하여 발 급하는 세금계산서는 검은색 글씨로 작성하여 발급 (2016.2.17. 개정)

　　가. 세무조사의 통지를 받은 경우

　　나. 세무공무원이 과세자료의 수집 또는 민원 등을 처리하기 위하여 현지출장이나 확인업무에 착수한 경우

　　다. 세무서장으로부터 과세자료 해명안내 통지를 받은 경우

라. 그밖에 가목부터 다목까지의 규정에 따른 사항과 유사한 경우
06. 필요적 기재사항 등이 착오 외의 사유로 잘못 적힌 경우(제5호 각 목의 어느 하나에 해당하는 경우로서 과세표준 또는 세액을 경정할 것을 미리 알고 있는 경우는 제외한다): 재화나 용역의 공급일이 속하는 과세기간에 대한 확정신고기한까지 세금계산서를 작성하되, 처음에 발급한 세금계산서의 내용대로 세금계산서를 붉은색 글씨로 쓰거나 음(陰)의 표시를 하여 발급하고, 수정하여 발급하는 세금계산서는 검은색 글씨로 작성하여 발급(2016.2.17. 개정)
07. 착오로 전자세금계산서를 이중으로 발급한 경우: 처음에 발급한 세금계산서의 내용대로 음(陰)의 표시를 하여 발급
08. 면세 등 발급대상이 아닌 거래 등에 대하여 발급한 경우: 처음에 발급한 세금계산서의 내용대로 붉은색 글씨로 쓰거나 음(陰)의 표시를 하여 발급(2014.2.21. 개정)
09. 세율을 잘못 적용하여 발급한 경우(제5호 각 목의 어느 하나에 해당하는 경우로서 과세표준 또는 는 세액을 경정할 것을 미리 알고 있는 경우는 제외한다): 처음에 발급한 세금계산서의 내용대로 세금계산서를 붉은색 글씨로 쓰거나 음(陰)의 표시를 하여 발급하고, 수정하여 발급하는 세금계산서는 검은색 글씨로 작성하여 발급(2016.2.17. 개정)

## 국세청 주요상담사례(Q&A)

Q. 발급·전송된 전자세금계산서는 삭제나 정정이 가능하나요?
A. 세금계산서를 발급하고 국세청에 전송된 분에 대하여서는 삭제·폐기·정정이 불가능합니다. 착오 사항 등이 있는 경우에는 부가가치세법 시행령 제70조에 따른 수정세금계산서를 발급할 수 있습니다.

Q. 대금을 받지 못한 경우 세금계산서를 취소할 수 있나요?
A. 대가를 받지 못하였다고 하여서 수정세금계산서 발급을 통하여 취소할 수 없습니다. 수정세금계산서는 부가가치세법 시행령 제70조의 사유에 따라 발급하는 것이며, 대가를 수취하지 못한 경우는 수정세금계산서 발급사유가 아니기 때문입니다. 세금계산서는 대가의 수취 여부에 관계없이 공급시기에 발급하는 것이 원칙입니다. 즉, 재화 또는 용역을 공급하면 발급할 의무가 발생합니다.

Q. 세금계산서의 내용 중 매입자 상호를 잘못 기재하였을 경우 수정세금계산서를 발급하여야 하나요?
A. 필요적 기재사항이 아니므로 반드시 수정세금계산서를 발급하여야 하는 것은 아닙니다.

Q. 공급가액 변동 후 계약해제된 경우 수정세금계산서는 어떻게 발급하나요?
A. 당초분 세금계산서에 대하여 각 사유 발생 금액만큼 (-)수정세금계산서를 발급하면 됩니다.

Q. 사업자가 폐업한 경우 (수정)세금계산서를 발급할 수 있나요?
A. 폐업자는 더 이상 사업자가 아니므로 (수정)세금계산서를 발급할 수 없습니다. 단, 폐업일 이전 거래분에 대하여는 폐업일이 속한 달 다음 달 10일까지 발급이 가능하나 수정세금계산서는 폐업일

이후 발급이 불가능합니다.

Q. 종이세금계산서를 발급하고 수정사유가 발생된 경우 전자로 수정세금계산서를 발급할 수 있나요?
A. 가능합니다. 수정발급 시 '당초 전자발급분이 없는 경우'를 선택하여 발급할 수 있습니다.

Q. 공급가액을 변경하여야 하는데 어떻게 하여야 하나요?
A. 당초 발급 건에 대하여 공급가액이 틀리지 않았고, 실거래 건에 대하여 증감사유(매출할인, 단가변동 등)가 발생한 경우에는 '공급가액변동'의 수정사유 선택하여 발급하시면 됩니다. 당초 발급 건에 대하여 공급가액을 착오로 잘못 발급한 경우에는 '공급가액변동'이 아닌 '기재사항착오정정'의 수정사유를 선택하여 발급하시면 됩니다.

### ❶ 세금계산서에 대한 가산세는 어떤 것들이 있을까?

🅐 재화 또는 용역을 공급하고 법에 열거된 규정에 따라 매출자는 세금계산서를 발행 시기에 맞추어 발행하여야 합니다. 발행 시기가 지난 후 발행을 하면 다음과 같은 제재사항이 있습니다.

### 지연발급
1기분(1월 1일~6월 30일)은 7월 25일까지 발행한 경우, 2기분(7월 1일~12월 31일)은 내년 1월 25일까지 발행한 경우에는 아래와 같은 제재를 적용받습니다. 이럴 경우 공급자는 지연발급가산세 공급가액의 1%, 공급받는 자는 지연수취 가산세로 공급가액의 0.5%를 적용받습니다. 다만 공급받는 자의 매입세액공제는 가능합니다.

| 구분 | 적용 가산세 |
|---|---|
| 공급사 | 지연발급가산세(1%) |
| 공급받는 자 | 지연수취 가산세(0.5%) + 매입세액공제 가능 |

### 미발급
1기분(1월 1일~6월 30일)은 7월 25일 지난 후 발행한 경우, 2기분(7월 1일~12월 31일)은 익년 1월 25일 지난 후 발행한 경우에는 아래와 같은 제재를 적용받습니다. 이럴 경우 공급자는 미발급가산세 공급가액의 2%, 공급받는 자는 미수취 가산세가 따로 적용되지는 않습니다. 다만 공급받는 자는 매입세액공제가 불가능합니다.

| 구분 | 적용 가산세 |
|------|-----------|
| 공급자 | 미발급 가산세(2%) |
| 공급받는 자 | 매입세액공제 불가능 |

**ⓠ 부가가치세 신고 시 신용카드와 현금영수증 발행에 대한 혜택이 있을까?**

Ⓐ 신용카드매출전표 등 발급세액공제 의의 : 신용카드 등 발급에 따른 세액공제란 과세사업자의 매출 중 신용카드매출과 현금영수증 매출인 경우에 해당 매출액에 대하여 일정률의 부가가치세를 공제하여 주는 제도입니다. 더 구체적으로 보면 신용카드발급세액 공제는 현금영수증이나 신용카드 등을 발급한 금액의 1.3%를 연간 1,000만 원을 한도로 부가가치세에서 세액공제를 받을 수 있는 제도입니다. 위의 의도는 신고 시 드러나지 않는 순수현금매출을 투명화하기 위한 것이며, 일반 순수현금매출이 카드 또는 현금영수증 매출로 전환되어 매출이 급격하게 상승되어도 일정 부분은 사업자에게 세액공제 혜택을 주어 세금 부담을 줄여주기 위함입니다. 추가적으로 음식 및 숙박업의 간이과세자는 발급금액의 2.6%를 공제받을 수 있습니다.

### 신용카드 매출전표등 발급세액공제 대상

신용카드 등 발급세액공제를 적용받을 수 있는 사업자는 과세사업자인 개인사업자입니다. 따라서 법인사업자는 적용이 불가능합니다. 공제대상 업종은 소매업, 음식점업, 숙박업 등이며 대부분이 최종소비자를 대상으로 하는 업종입니다.

**ⓠ 부가가치세 환급 종류와 환급 기간 어떻게 될까?**

Ⓐ 부가가치세 환급 종류에는 일반환급과 조기환급이 있습니다.

### 부가가치세 일반환급

부가가치세의 계산구조는 매출세액에서 매입세액을 차감하여 계산됩니다. 매출세액에서 매입세액을 차감한 세액이 음수(-)가 되면 환급세액이 발생하게 됩니다. 다만, 간이과세자와 면세사업자는 환급세액이 발생하여도 환급받을 수 없습니다. 그리고 일반적인 부가가치세 환급은 예정신고가 아닌 확정 신고에만 가능하며, 확정 신고기한 경과 후 30일 이내에 환급이 되도록 법에 열거되어 있습니다. 그리고 환급세액이 2천만 원 이상인 경우에는 별도 계좌 개설 신고를 하여야 환급을 받을 수 있습니다.

## 부가가치세 조기환급

조기환급은 영세율이 적용되는 매출 즉 수출을 한 경우와 고정자산을 취득한 경우에 예외적으로 받을 수 있는 환급 제도입니다. 조기환급제도를 두는 이유는 사업자의 자금조달과 수출을 지원하기 위함입니다. 그래서 조기환급은 일반환급과 다르게 신고기한 후 15일 이내에 환급이 되며, 확정신고 기간이 아닌 예정신고 기간에도 환급이 가능합니다. 즉, 사업자는 매월 또는 2개월 치를 합산하여 자금이 필요할 때 부가가치세 신고를 통하여 언제든 조기환급을 받을 수 있도록 하였습니다.

| 구분 | 일반환급 | 조기환급 |
|------|---------|---------|
| 환급대상 | 매출세액-매입세액=음수(-)인 경우 | ① 수출과 같은 영세율 매출이 발생한 경우<br>② 고정자산을 취득한 경우 |
| 환급기간 | 확정신고기한 30일 이내 | 신고기한 경과 후 15일 이내 |

## 4. 그 밖의 사업자가 알아야 할 세금 상식

**❑ 사업자들의 가장 기본적인 비용인 접대비, 과연 어떤 성격일까?**

**❶** 우선 접대비란 무엇인지 알아보겠습니다. '접대비'란 접대비 및 교제비, 사례금, 그 밖에 어떠한 명목이든 상관없이 이와 유사한 성질의 비용으로서 법인이 업무와 관련하여 지출한 금액을 말하며, 세법상 접대비는 일정한 한도까지만 인정하여 주고 있습니다. 다만, 접대비로 인정받기 위하여서는 다음의 두 가지 요건을 충족하여야 합니다.

> **요건1) 업무 관련성**
> 일반적으로 업무와 관련 없이 지출한 금액에 대하여서는 접대비로 인정받을 수 없습니다. 다시 말하면 사적으로 구입한 자산은 사업용 자산으로 인정받을 수 없기 때문에 접대비로도 인정받을 수 없고, 친구 등에게 사업과 관련 없이 식사대접을 하는 것도 접대비로 인정받을 수 없습니다. 따라서 접대비로 인정받기 위하여서는 업무와 관련성을 갖추어야 합니다.

## 적격증명서류

접대비 지출은 한도까지만 경비로 인정을 받을 수 있으며, 이때에도 적격증명서류를 제대로 갖추어야 접대비 대상 금액에 포함될 수 있습니다. 적격증명서류 범위에는 ① 신용카드 등 매출전표 ② 현금영수증 ③ 계산서 ④ 세금계산서 등이 있습니다. 따라서 1만 원을 초과하는 금액에 대하여서 적격증명서류를 갖추지 않고 일반영수증인 간이영수증 등을 수취한 경우에는 접대비로 인정받을 수 없습니다.

## 접대비 한도

접대비의 법칙 산식은 ①+②로 구성되어 있습니다.

① 중소기업의 경우 2,400만 원(중소기업이 아닌 경우 1,200만 원)을 기본금액으로 인정

② 각 사업장의 당기 수입금액(매출액)에 따라 법에 규정된 적용률을 곱하여 추가적으로 접대비 한도를 인정

　　즉, 1년 기준으로 '2,400만 원(1,200만 원) + ②'로 생각하시면 됩니다.

**❷ 사업자 본인(개인, 법인)의 인건비 과연 비용처리가 가능할까?**

**ⓐ** 우선 위 주제를 살펴보기 전에 먼저 개인사업자와 법인사업자의 차이를 보도록 하겠습니다. 개인사업자와 법인사업자의 가장 큰 차이점은 법인사업자는 개인사업자와 다르게 법인 자체의 인격이 자연인과 동일한 하나의 인격으로 인정된다는 것입니다. 따라서 개인사업자일 경우와 다르게 법인사업자의 경우 대표자는 급여를 받는 근로소득자가 될 수 있습니다. 따라서 법인사업자일 경우에는 고용된 근로자에게 급여를 지급하는 것으로 볼 수 있어 대표자의 급여는 인건비로 비용처리를 할 수 있습니다. 그러나 개인사업자의 경우에는 월급을 받는 대표

자는 근로소득자가 아닌 본인 자체가 사업소득자이기 때문에 본인 스스로에게 급여를 지급하는 것 자체가 말이 되지 않기 때문에 세법상으로도 비용 인정이 되지 않습니다. 따라서 개인사업자는 사업소득자 본인에게 급여를 지급할 수도 없고, 형식상 급여로 지급을 하였다 하더라도 형식보단 실질을 우선시하는 세법 관행상 해당 금액을 인건비로 보아 경비 처리하는 것은 불가능합니다.

### ❶ 차량 취득 시 어떠한 취득 방안이 가장 유리할까?

Ⓐ 차량 구매를 할 때는 자동차 보험료, 수선비, 유류비, 자동차세 외에도 부가가치세 매입세액이 가능한지 여부까지 모든 것을 꼼꼼하게 살펴보아야 합니다. 예를 들어 차를 리스할 경우에는 리스료라는 비용이 발생하며, 장기 렌트를 할 경우에는 장기 렌트료, 그리고 자차 구매인 경우에는 감가상각비로 각각 차량에 대한 경비처리를 할 수 있습니다.

리스나 렌트의 경우에는 자동차세 등의 기타 항목들은 계약하는 방식에 따라 리스료나 렌트비에 포함시킬 수도 있습니다. 그리고 택시, 버스, 운전학원 차량 등 영업용차량의 경우에는 렌트료 또는 리스료에 더하여 차량유지비 등 전액이 경비처리가 가능합니다.

그러나 벤츠, 소나타, SM5 등 비영업용 소형승용차의 경우에는 총 렌트료의 30%는 수선비로 비용처리가 가능하며, 나머지 70%는 렌트비로 계상할 수 있습니다. 그리고 총 리스료에서 수선비가 구분 가능한 경우에는 그 금액을 수선비로 인식할 수 있습니다. 그러나 현실적으로 구분하기가 불가능한 경우가 많기 때문에 세법에서는 총 리스료의 7%를 수선유지비로 볼 수 있도록 하고 있습니다. 마지막으로 비영업용 소형승용차의 경우에는 감가상각비 계상 시 감가상각비 한도 금액인 800만 원까지만 비용 처리가 가능합니다.

| 소형승용차(매입세액 불공제 승용차) | 그 밖에 승용차(매입세액 공제 승용차) |
|---|---|
| ① 8인승 이하 승용차<br>② 지프차, 캠핑카<br>③ 125CC 초과 오토바이 | ① 경차(1천CC 이하, 길이 3.6M 폭 1M 이하<br>② 9인승 이상 자동차, 승합차<br>③ 125CC 이하 오토바이<br>④ 화물차 |

**❿ 폐업 등의 사유로 채권회수가 불가능할 경우 최소한의 대처는 과연 무엇일까?**

**Ⓐ** 거래처에게 외상매출은 하였으나, 거래처 사정상 받지 못하는 돈인 외상매출금은 세법상 일정요건을 충족한 경우 손금(비용)으로 인정받을 수 있습니다. 다만 세법에서는 대손 사유가 열거되어 있는데, 요건이 매우 까다롭습니다. 다만 세법에서도 대손불능채권을 열거하고 있어 모든 채권을 대손으로 인정받을 수는 없습니다.

## 대손 사유

소득세법 시행령 제55조 2항에 따르면 대손사유는 법인세법 시행령 제19조의2 [대손금의 손금불산입]를 따른다고 기재되어 있습니다. 대손사유는 크게 두 가지로 나뉩니다. 우선 의무적으로 발생한 사업연도에 대손금으로 계상하여야 하는 신고조정사항, 그리고 대손으로 인정받고 싶은 사업연도에 대손금으로 계상하면 대손인정이 되는 결산조정사항이 있습니다.

신고조정사항: 법인세법 시행령 제19조의2 제1항 제1호부터 제6호
결산조정사항: 신고조정사항 외의 모든 사유

① 법 제19조의 2 제1항에서 "대통령령으로 정하는 사유로 회수할 수 없는 채권"이란 다음 각 호의 어느 하나에 해당하는 것을 말한다. (2009.2.4. 신설)
01. 「상법」에 따른 소멸시효가 완성된 외상매출금 및 미수금
02. 「어음법」에 따른 소멸시효가 완성된 어음
03. 「수표법」에 따른 소멸시효가 완성된 수표
04. 「민법」에 따른 소멸시효가 완성된 대여금 및 선급금
05. 「채무자 회생 및 파산에 관한 법률」에 따른 회생계획인가의 결정 또는 법원의 면책결정에 따라 회수불능으로 확정된 채권
06. 「민사집행법」 제102조에 따라 채무자의 재산에 대한 경매가 취소된 압류채
07. 삭제(2019.2.12.) 적용시기
08. 채무자의 파산, 강제집행, 형의 집행, 사업의 폐지, 사망, 실종 또는 행방불명으로 회수할 수 없는 채권
09. 부도발생일부터 6개월 이상 지난 수표 또는 어음상의 채권 및 외상매출금「조세특례제한법 시행령」 제2조에 따른 중소기업(이하 "중소기업"이라 한다)의 외상매출금으로서 부도발생일 이전의 것에 한정한다]. 다만, 해당 법인이 채무자의 재산에 대하여 저당권을 설정하고 있는 경우는 제외한다. (2019.2.12. 개정)
10. 재판상 화해 등 확정판결과 같은 효력을 가지는 것으로서 기획재정부령으로 정하는 것에 따라 회수불능으로 확정된 채권 (2019.2.12. 신설) 적용시기

11. 회수기일이 6개월 이상 지난 채권 중 채권가액이 20만 원 이하(채무자별 채권가액의 합계액을 기준으로 한다)인 채권 (2010.12.30. 개정)

12. 제61조 제2항 각 호 외의 부분 단서에 따른 금융회사 등의 채권(같은 항 제13호에 따른 여신전문금융회사인 신기술사업금융업자의 경우에는 신기술사업자에 대한 것에 한정한다) 중 다음 각 목의 채권 (2010.2.18. 개정)

　　가. 금융감독원장이 기획재정부장관과 협의하여 정한 대손처리기준에 따라 금융회사 등이 금융감독원장으로부터 대손금으로 승인받은 것 (2010.2.18. 개정)

　　나. 금융감독원장이 가목의 기준에 해당한다고 인정하여 대손처리를 요구한 채권으로 금융회사 등이 대손금으로 계상한 것 (2010.2.18. 개정)

13. 「중소기업창업 지원법」에 따른 중소기업창업투자회사의 창업자에 대한 채권으로서 중소벤처기업부장관이 기획재정부장관과 협의하여 정한 기준에 해당한다고 인정한 것 (2017.7.26. 직제개정)

② 제1항 제9호에 따른 부도발생일은 소지하고 있는 부도수표나 부도어음의 지급기일(지급기일 전에 해당 수표나 어음을 제시하여 금융회사 등으로부터 부도확인을 받은 경우에는 그 부도확인일을 말한다)로 한다. 이 경우 대손금으로 손비에 계상할 수 있는 금액은 사업연도 종료일 현재 회수되지 아니한 해당 채권의 금액에서 1천 원을 뺀 금액으로 한다. (2019.2.12. 개정))

③ 법 제19조의 2 제1항에서 "대통령령으로 정하는 사업연도"란 다음 각 호의 어느 하나의 날이 속하는 사업연도를 말한다. (2019.2.12. 개정)

　01. 제1항 제1호부터 제6호까지의 규정에 해당하는 경우에는 해당 사유가 발생한 날 (2019.2.12. 개정)

　02. 제1호 외의 경우에는 해당 사유가 발생하여 손비로 계상한 날 (2019.2.12. 개정)

## 대손불능 채권

아래 3가지 채권이 세법에서 열거하고 있는 대손불능 채권입니다.

① 특수관계인에 대한 업무 무관 가지급금

② 채무보증으로 인하여 발생한 구상채권

③ 부가가치세법상 대손세액공제를 받은 부가가치세 매출세액 미수금

### ❓ 기부금은 지출액 모두 비용 처리가 가능할까?

🅰 일단 지출한 기부금 자체는 비용처리가 가능합니다. 다만, 종합소득세신고 시 이자소득, 배당소득, 근로소득, 기타소득과 같은 사업소득 외의 소득이 존재하면 기부금 세액공제와 기부금을 사업소득 필요경비로 계상할지 선택이 가능합니다. 따라서 사업소득만 있다면 기부금 세액공제는 불가능하며 사업소득 필요경비만 가능합니다. 그리고 기본공제대상자에 해당하는 배우자 및 직계존비속이 지출한 기부금은 합산하여 기부금 세액공제가 가능합니다.

## 기부금의 종류

| | |
|---|---|
| 정치자금기부금 | 정당에 기부한 정치자금 중 10만 원을 초과하는 금액을 말하며, 10만 원까지는 기부금액을 세액공제를 할 수 있음 |
| 법정기부금 | 법인세법을 따르며, 대한적십자사나 대학교에 지출한 기부금 등이 대표적임 (특별재난지역의 복구를 위한 자원봉사용역 가액도 법정기부금에 포함됨) |
| 우리사주조합 기부금 | 우리사주조합에 지출한 기부금 |
| 지정기부금 | 법인세법을 따르며, 대표적인 지정기부금으로는 노동조합비, 교원단체 회비 등이 있으며, 종교단체에 기부한 기부금 또한 지정기부금의 일부임 |

## 기부금의 한도

| 구분 | 기부금 한도액 |
|---|---|
| 정치자금& 법정기부금 | 기준소득 금액 × 100% |
| 우리사주조합 기부금 | (기준소득 금액 - 정치자금&법정기부금 필요경비인정액) × 30% |
| 지정기부금 | 종교단체 기부금이 없는 경우 - (기준소득 금액 - 정치자금, 법정, 우리사주조합기부금 필요경비 인정액)×30% |
| | 종교단체 기부금이 있는 경우 - (기준소득 금액 - 정치자금, 법정, 우리사주조합기부금 필요경비 인정액)×10%+Min(①,②) ① (기준소득 금액 - 정치자금&법정&우리사주조합기부금 필요경비 인정액)×20% ② 종교단체 외에 지급한 지정기부금 |

• 기준소득 금액 = 종합소득 금액+필요경비에 반영한 기부금

## 현물 기부금

기부금을 현금으로 지출하지 않고 현물로 지급할 경우에 현물기부금의 가치를 어떻게 산정할지가 세무 이슈사항이 될 수 있습니다. 소득세법상 현물로 기부한 지정기부금의 경우 시가와 장부금액 중 큰 금액으로 산정하라고 법에 규정되어 있습니다. 다만, 법정기부금에 대하여서는 장부가액으로 하고, 국민박물관 및 국립미술관에 제공하는 기부금에 대하여서는 감정평가한 금액으로 평가할 수 있다고 법에 열거되어 있습니다.

**Q 직원들 식대, 과연 어떻게 세무처리 하는 것이 가장 효율적일까?**

**A** 세법상으로는 사업과 직접 관련 없는 지출은 제외하고 사업과 직접 관련 있는 지출에 대하여서만 매입세액공제 및 비용처리가 가능합니다. 따라서 직원 식대의 경우 법인카드로 결제하든 개인카드로 결제하든 적격증빙을 제출하는 경우에는 매입세액공제 및 비용처리가 가능합니다. 그러나 직원 없이 혼자 사업체를 운영하는 1인 사업자인 경우 개인 사업자가 본인을 위하여 지출한 사업용 경비(식대, 여비교통비 등)는 매입세액공제 및 비용처리가 불가능합니다. 식대 같은 경우는 직원이 없는 1인 사업자인 경우에는 복리후생비란 개념 자체가 존재할 수 없어 매입세액공제가 불가능합니다. 반면에 법인사업자의 대표자는 법인과 또 다른 인격체인 임직원 중 한 명이므로 직원의 식대와 동일하게 볼 수 있어 복리후생비 개념이 존재할 수 있습니다. 따라서 매입세액공제를 받을 수 있고, 경비처리도 가능합니다.

> **부가가치세법 법령 제46조 [신용카드 등의 사용에 따른 세액공제 등]**
> (중간 생략)
> ③ 사업자가 대통령령으로 정하는 일반과세자로부터 재화 또는 용역을 공급받고 부가가치세액이 별도로 구분되는 신용카드매출전표등을 발급받은 경우로서 다음 각 호의 요건을 모두 충족하는 경우 그 부가가치세액은 제38조 제1항 또는 제63조 제3항에 따라 공제할 수 있는 매입세액으로 본다. (2013.6.7. 개정)
> 01. 대통령령으로 정하는 신용카드매출전표등 수령명세서를 제출할 것
> 02. 신용카드매출전표등을 제71조 제3항을 준용하여 보관할 것. 이 경우 대통령령으로 정하는 방법으로 증명 자료를 보관하는 경우에는 신용카드매출전표등을 보관하는 것으로 본다.
> (중간 생략)

**Q 근로소득이 있는 사업소득자의 소득공제 항목에는 과연 어떤 항목이 있을까?**

**A** 우리나라는 소득 포착이 쉬운, 다시 말하여 소득 누락이 어려운 근로소득자에게는 사업소득자에 비하여 적용할 수 있는 소득공제 및 세액공제 항목이 많이 있습니다. 소득공제 중에서 신용카드 소득공제, 세액공제 중에는 보험료 세액공제가 대표적인 근로소득자 소득공제 세액공제 항목입니다. 신용카드 소득공제란 근로소득이 있는 거주자가 신용카드 등을 사용한 경우 일정 금액을 근로소득 금액에서 공제하여 주는 것을 말합니다. 즉, 근로소득이 있는 거주자에 한하여 신용카드 소득공제를 적용하는 것이기에 비거주자는 적용이 되지 않습니다. 그리고 근로소득 외의 다른 종합소득이 있는 거주자인 경우에도 근로소득 금액을

한도로 신용카드소득공제가 가능합니다.

## 근로소득이 있는 경우만 가능한 공제

| 구분 | 대상자 |
|---|---|
| 보험료 소득공제 | 근로소득이 있는 거주자 |
| 주택자금소득공제 | 근로소득이 있는 거주자 |
| 신용카드소득공제 | 근로소득이 있는 거주자 |
| 근로소득 세액공제 | 근로소득이 있는 거주자 |
| 보험료 세액공제 | 근로소득이 있는 거주자 |
| 의료비 세액공제 | 근로소득이 있는 거주자 |
| 교육비 세액공제 | 근로소득이 있는 거주자 |
| 월세 세액공제 | 근로소득이 있는 거주자 |

# 정직원(4대보험 등록자), 프리랜서, 일용직 비교

　　다음 파트에서는 사장님들이 혼동하기도 쉽고 가장 궁금해하시는 4대보험에 가입한 직원(이하 '정직원'이라 칭함)과 4대보험에 가입하지 않는 인적소득자(이하 '프리랜서'라 칭함)와 일용직 직원(이하 '아르바이트생'이라 칭함)에 대하여 15가지로 분류하여 쉽게 접근하여 보도록 하겠습니다.

## 1. 4대 사회보험제도란 무엇일까? 그리고 가입의무자는 누구일까?

### 4대 사회보험제도

　　국민 중에는 사고, 질병, 사망 등의 사회적 위험으로 인하여 자활능력을 잃기도 하고, 그로 인하여 가족들마저 인간다운 최저생활을 위협받는 경우가 종종 발생합니다. 그렇기 때문에 현대 복지국가는 노령, 실직, 질병 등에 대비한 사회보험에 모든 국민을 의무적으로 가입시키는 사회보장 제도를 실시하고 있습니다. 사회보험은 노동능력의 상실에 대비한 산업재해보험, 의료보험과 노동 기회의 상실에 대비한 연금보험, 실업보험으로 크게 구분할 수 있습니다. 이때, 사회보험은 개인보험처럼 자유의사에 의하여서 가입하는 것은 아닙니다. 또한 보험료 납부도 개인, 기업, 국가가 서로 분담하는 것이 원칙입니다. 보험료의 계산에 있어서도 위험의 정도보다는 소득에 비례하여 분담함을 원칙으로 함으로써 소득의 재분배 기능을 가집니다.

| 우리나라 4대 사회보장제도 |
|---|
| ① 건강보험 ② 국민연금 ③ 고용보험 ④ 산재보험망 |

## 4대 사회보험제도 가입대상

| | |
|---|---|
| 국민연금 | 국민연금공단에서 국민연금 관련 사업을 담당하고 있으며, 개인의 소득 활동에서 납부한 보험료를 사망, 질병으로 소득 활동을 할 수 없을 때 연금을 지급함으로써 기본 생활을 유지할 수 있게 도와주는 기능을 합니다.<br>지역가입자, 직장가입자(사업장가입자), 임의계속가입자로 구분합니다(사업장에서 상시 1명 이상의 근로자가 있는 곳은 당연 적용 사업자입니다).<br><br>가입대상자는 18세 이상 60세 미만의 대한민국 국민입니다.<br>ⓐ 직장가입자(사업장가입자)와 지역가입자로 구분되며, ⓑ 60세가 넘어도 임의계속가입자로 가입이 가능합니다. |
| 건강보험 | 건강보험은 국민건강보험공단에서 사업을 담당하고 있습니다. 지역가입자와 직장가입자로 적용대상을 구분하며, 직장가입자는 사업장의 근로자 및 사용자와 공무원 교직원, 피부양자로 구성되고, 지역가입자는 직장가입자를 제외한 자를 대상으로 합니다.<br><br>가입대상자는 직장가입자와 지역가입자로 구분됩니다(피부양자를 신청하여 가족 중 다른 사람의 피부양자로 가입할 수 있으며, 소득이 없는 경우 피부양자는 건강보험의 혜택을 받을 수 있습니다). |

| 고용보험 · 산재보험 | 고용노동부 장관으로부터 위탁을 받아 고용보험과 산재보험은 근로복지공단에서 사업을 담당하고 있습니다. |
| --- | --- |
| | 가입 대상자는 고용보험 경우에는 1인 이상의 근로자를 고용하는 모든 사업 또는 사업장입니다. |
| | 산재보험 경우에는 근로자를 사용하는 모든 사업장 대상, 당연 적용 사업장에서 근무하는 모든 근로자에게 적용됩니다. |

그리고 국민건강보험공단이 건강보험, 국민연금, 고용보험, 산재보험의 보험료 징수 및 납부 자료를 통합하여 관리하고 있습니다.

## 사업장가입자(근로자) 가입 제외 대상

| 국민연금 | ⓐ 만 18세 미만, 만 60세 이상의 경우(하지만 본인이 원할 경우 가입할 수 있다.)<br>ⓑ 소정 근로시간이 60시간 미만인 경우<br>ⓒ 소재지가 일정하지 않은 사업장에 종사하는 근로자<br>ⓓ 무보수 법인 이사<br>ⓔ 공무원 연금법, 군인연금법, 사립학교 직원 연금법, 별정 우체국법에 적용받는 자와 조기 노령 연금 수급자<br>ⓕ 1개월 미만의 기간을 정하고 근로하는 일용근로자도 국민연금 적용 제외 대상자 |
| --- | --- |
| 건강보험 | ⓐ 월 소정 근로시간이 60시간 미만인 근로자<br>ⓑ 1개월 미만의 일용근로자 |
| 산재보험 | 산재보험은 예외 없이 모든 근로자가 의무 가입 대상에 해당됨(사업장에서 자격취득 신고를 하지 않거나, 4대보험 성립신고를 하지 않아도 당연히 가입된 것으로 간주하기 때문에 자격취득 여부와 상관없이 산업재해 시 보험 혜택을 받을 수 있습니다). |

| | 고용보험 |
|---|---|
| 고용보험 | ⓐ 만 65세 이후에 고용된 근로자<br>ⓑ 월 소정 근로시간 60시간 미만인 경우와 공무원, 사립학교 연금에 가입된 자, 별정 우체국 직원<br>ⓒ 사업주와 사업주의 직계가족의 경우 가입제외대상자 |

## 2. 4대 사회보험 가입신고는 어떻게 하는 것일까?

사업주는 직원 채용 시 근로계약서를 작성하고, 직원의 4대보험 가입신고를 진행하여야 합니다. 원칙적으로 4대보험 가입신고는 직원을 채용한 달의 다음 달 15일까지 완료하여야 합니다. 4대보험 자격취득신고서를 작성한 후 각 사업장 관할 4대보험 공단에 팩스를 보내거나 EDI를 통하여 전자 접수할 수 있습니다. 팩스로 가입신고를 할 경우에는 건강보험공단에만 보내면 국민연금, 고용보험, 산재보험은 건강보험공단에서 다른 공단으로 전송하여 자동으로 가입신고가 됩니다. 다만 세무대리인이 있다면 세무대리인이 대리하여 주는 경우가 많이 있습니다.

| 구분 | 국민연금 | 건강보험 | 고용보험 | 산재보험 |
|---|---|---|---|---|
| 처리기관 | 국민연금공단 관할 지사 | 국민건강 보험공단 관할지사 | 고용노동부 고용센터 | 근로복지공단 관할 지사 |
| 신고서류 | 사업장가입자 자격취득 신고서 | 직장가입자 자격취득 신고서 | 피보험 자격취득 신고서 | 근로자 고용신고서 |
| 대표 번호 | 1355 | 1577-1000 | 1350 | 1588-0075 |

## 3. 근로소득자(정직원)와 사업소득자(프리랜서), 과연 어떤 차이가 있을까?

　회사에서 돈을 받고 업무를 수행하는 사람은 크게 두 종류로 분류할 수 있습니다. 그 두 종류가 4대보험에 가입한 근로소득자(정직원)와 4대보험에 가입하지 않고 회사에 종속되지 않는 사업소득자(프리랜서)입니다. 두 분류의 구분 기준을 보도록 하겠습니다. 고용노동부 해석에 따른 근로기준법상의 근로자는 다음과 같습니다.

① 업무의 내용이 사용자에 의하여 정하여지고, 업무의 수행과정도 구체적으로 지휘·감독을 받는지 여부
② 근로자가 업무를 수행함에 있어 사용자로부터 정상적인 업무수행 명령과 지휘·감독에 대하여 거부할 수 있는지 여부
③ 사업 및 종업시간이 정하여지거나, 사용자의 구속을 받는 근로시간이 구체적으로 정하여져 있는지 여부
④ 지급받는 금품이 업무처리의 수수료 성격이 아닌, 순수한 근로의 대가인지 여부
⑤ 복무위반에 대하여 제재를 받는지 여부

　위의 5가지를 종합하여 정직원인지 프리랜서인지를 판단하여야 합니다. 세법은 형식보다 실질을 우선시합니다. 따라서 세무서에서는 프리랜서로 신고를 한다고 하여도 실질이 정직원이라면 근로자로 보아 과세를 할 것입니다. 그렇다면 근로자와 프리랜서의 차이를 아래에서 보도록 하겠습니다. 가장 큰 차이점은 일단 고용주에게 4대보험 취득신고 의무가 발생합니다. 그리고 고용주에게는 1년 이상 근무한 근로자에게 퇴직금 지급의무가 발생합니다. 물론 무조건 지급을 하여야 합

니다. 예를 들어 퇴직금을 받지 않는다고 각서를 썼다 하더라도 나중에 근로자가 퇴직금을 받지 못하였다고 노동부에 신고하게 되면 결국 고용주는 퇴직금 지급을 하여야 됩니다.

## 4. 일용직 아르바이트생도 4대 사회보험에 가입하여야 할까?

세법상 근로를 제공하고 받는 급여가 월 급여의 형태로 지급된다면 일반근로자로, 그리고 시간이나 일수에 따라 급여를 받는 자는 일용근로자로 분류합니다. 일반근로자와 일용근로자를 간단하게 비교하면 다음과 같습니다.

| 구분 | 일반근로자 | 일용근로자 |
|------|-----------|-----------|
| 개념 | 일정한 고용주에게 계속하여 고용되어 급여를 지급받는 자 | 일정한 고용주에게 계속하여 고용되어 있지 아니하고 일급 또는 시간급으로 급여를 지급받는 자 |
| 특징 | 근로계약상 월정액에 의하여 급여를 지급받는 경우 그 고용기간에 불구하고 일반근로자로 봄 | 근로를 제공한 날 또는 시간에 따라 근로 대가를 계산하거나 근로성과에 따라 급여를 계산하여 받으며 동일한 고용주에게 3개월 이상 고용되어 있지 않음(건설근로자는 1년 미만이 기준임) |
| 원천징수 | 근로소득 간이세액표에 의하여 원천징수 | (일급-10만 원)×6%×(1-55%) |
| 연말정산 | 연말정산을 통하여 확정(예납적 원천징수) | 연말정산대상에 해당되지 않고 원천징수로서 납세의무 종결(완납적 원천징수) |
| 지급명세서 제출시기 | 다음 해 3월 10일까지 | 분기별 지급액에 대하여 분기의 다음 달 10일까지 |

물론 일용근로자도 아래 표에 표시된 각각의 4대보험 가입 대상에 해당하면 정직원과 동일하게 4대보험 가입 신고를 하여야 합니다. 마지막으로 일용근로자는 근로내용확인서를 작성하여 공단에 매달 근로를 제공한 달의 다음 달 15일까지 제출하여야 합니다. 근로내용확인서를 미제출할 경우에는 그에 따른 과태료가 부과될 수 있기에 주의하여야 합니다.

| 4대보험 목록 | 일용근로자 |
| --- | --- |
| 건강보험 | 1개월 이상 근로 제공을 전제로 한 달 중 8일 이상 근무 또는 근무 시간이 60시간 이상인 경우 적용 |
| 국민연금 | 1개월 이상 근로 제공을 진제로 한 달 중 8일 이상 근무 또는 근무 시간이 60시간 이상인 경우 적용 |
| 고용보험 | 모두 적용 |
| 산재보험 | 모두 적용 |

## 5. 4대 사회보험에 가입하여야 한다면 건강보험 피부양자 등록, 과연 어떻게 할까?

일반적으로 직장인들의 경우에는 4대보험에 가입되어 있고, 매달 의무적으로 일정보험료를 납부하게 됩니다. 그 결과 납부한 건강보험료를 통하여 병원 의료비 또는 약 처방비 등 다양한 혜택을 받을 수 있습니다. 이러한 건강보험료 혜택은 직장을 다니지 않는 가족 구성원을 피부양자로 등록하여 동일한 혜택을 받을 수 있습니다.

한 권으로 끝내는 절세 노하우

## 건강보험 피부양자 요건

| 부양요건 | 소득요건 | 재산요건 |
|---|---|---|
| - 직장가입자의 배우자, 직계존속(배우자 직계존속 포함), 직계비속(배우자 직계비속 포함) 및 그 배우자<br>- 형제·자매는 30세 미만, 65세 이상, 장애인, 국가유공·보훈보상대상 상이자 중 소득·재산·부양요건 충족 시 인정<br>- 이혼, 사별의 경우 미혼으로 인정<br>- 배우자의 계부모는 부모와 동일하게 인정 | - 사업자등록이 있고 사업소득이 없는 경우(장애인, 국가유공·보훈보상대상 상이자는 연간 500만 원 이하인 경우)<br>- 사업자등록이 없고 사업소득의 연간 합계액이 500만 원 이하인 경우<br>- 이자·배당·사업·근로·연금·기타소득의 연간 합계액이 3,400만 원 이하인 경우<br>※ 기혼자의 경우 부부 모두 위 소득요건을 충족하여야 인정 | - 재산과표 5억 4천만 원 이하 또는 5억 4천만 원 초과~9억 원 이하는 연간소득 1천만 원 이하<br><br>- 형제·자매는 재산과표 1억 8천만 원 이하<br>- 재산의 종류: 토지, 주택, 건물, 선박, 항공기 |

위의 3가지 요건을 모두 충족하는 경우 피부양자로서 지역보험료를 부담하지 않습니다.

## 건강보험 피부양자 등록방법

피부양자 등록방법은 국민건강보험공단에 직접 방문하여 신청할 수도 있고, 건강보험공단 고객센터로 유선을 통하여 신청할 수 있습니다. 다만, 제출 서류로 외국인등록증, 가족관계증명서 등을 요청할 수도 있습니다.

## 6. 급여가 변경되면 사회보험공단에 급여 변경 신고를 의무적으로 하여야 할까?

직장가입자의 보수가 변경되었을 경우 100인 이상 사업장에서는 의무적으로 변경신고를 하여야 하지만 100인 이하 사업장의 경우에는 꼭 보수 변경 신청을 하여야 하는 것은 아닙니다. 다만 이 경우 1년에 한 번 보험료를 정산할 때 자칫하면 보험료 폭탄을 맞을 수도 있기 때문에 가능하면 그때그때 바로 변경 신고를 하는 편이 좋습니다. 보수 변경 신고는 건강보험공단 EDI에서 공인인증서로 가능하며, 혹시 공인인증서가 없다면 우편이나 팩스로도 신청이 가능합니다.

### 건강보험료 정산(폭탄)

연말정산과 동일하게 건강보험료도 1년에 한 번 정산을 하게 됩니다. 건강보험료의 기준은 우리의 급여(연봉)입니다. 우리의 1년 최종 급여는 성과급 및 초과근무 등의 사유로 해당 연도 말에 확정되는 것이 일반적입니다. 이렇듯, 올해 연봉은 12월 31일이 되어서야 정확히 파악할 수 있기 때문에, 건강보험료 또한 정확한 금액을 납부할 수가 없습니다. 따라서 공단에서는 개개인의 건강보험료를 임의로 계산하여 원천징수하였다가 나중에 1년에 해당하는 건강보험료를 한꺼번에 정확히 재정산합니다. 그 정산시기가 바로 4월입니다. 소득자들은 소득이 오르는 경우가 대부분이기에 정산된 건강보험료를 4월에 추가로 납부하는 경우가 많습니다.

## 7. 4대 사회보험료, 과연 전액 회사의 경비로 처리할 수 있을까?

사업주가 직원을 고용할 경우 국민연금, 건강보험(장기요양보험), 고용보험은 근로자와 사업주가 각각 50%씩 부담합니다. 산재보험은 물론 사업주가 100% 부담하게 되어 있습니다. 그렇다면 부담하여야 하는 보험요율은 얼마인지 보도록 하겠습니다.

| 구분 | 근로자 | 사업주 |
|---|---|---|
| 국민연금 | 4.5% | 4.5% |
| 건강보험<br>(장기요양보험) | 약 3.5% | 약 3.5% |
| 고용보험 | 0.65% | 0.65% + a |

위에서 언급한 사업주에게 부담의무가 있는 4대보험료에 대하여서는 납부한 비용처리가 가능합니다. 그러면 혹시 근로자 부담분까지 사업주가 대납을 한 경우에는 비용처리가 가능한지 보도록 하겠습니다. 근로자의 4대보험 납부의무까지 사업주가 대납한 경우에는 해당 대납분은 보험료 성격이 아닌 실질 급여 성격의 비용으로 세법은 보고 있습니다. 즉, 월급을 주는 것과 실질은 동일하다고 판단을 합니다. 따라서 대납 분을 비용처리 하기 위하여서는 근로자에게 근로소득으로 과세를 하여야 비용처리를 할 수 있습니다. 그리고 대표자 본인을 위한 국민연금 납부분은 소득공제 항목에 해당하기 때문에 소득공제와 필요경비(비용)의 이중 공제를 방지하기 위하여 필요경비(비용)로 넣을 수 없습니다. 그러나 대표자 본인을 위한 건강보험 납부분은 소득공제가 불가능하므로 필요경비로 넣을 수 있습니다. 다만, 사업소득 외의 근로소득이 있는 경우에는 소득공제가 가능하므로 이중 공제를 하지 않도록 주의하여야 합니다.

## 8. 실업급여 과연 어떤 제도일까?

실업급여는 고용보험 가입 근로자가 실직 시 재취업하는 기간 동안 생활 안정을 위하여 소정의 급여를 지원하는 제도입니다. 실업급여는 실업에 대한 위로금이나 고용보험료 납부의 대가로 지급되는 것이 아니며, 실업 시 취업하지 못한 기간에 대하여 적극적인 재취업활동을 한 사실이 확인되는 경우 지급됩니다. 실업급여 중 구직급여는 퇴직 다음 날로부터 12개월이 경과하면 급여 일수가 남아있더라도 받을 수 없습니다. 따라서 실업급여 신청 없이 재취업하면 지급되지 않으므로 퇴직 즉시 신청하여야 합니다. 실업급여는 크게 구직급여와 취업촉진수당, 연장급여, 상병급여로 나뉘며, 일반적인 실업의 경우 구직급여 및 취업촉진수당이 지급되게 됩니다.

구직급여는 고용보험 적용사업장에서 실직 전 18개월 중 피보험단위기간이 통산 180일 이상 근무하고, 근로의 의사 및 능력이 있고(비자발적으로 이직), 적극적인 재취업활동에도 불구하고 취업하지 못한 상태(재취업활동을 하지 않는 경우 미지급)이며, 수급자격 제한사유에 해당하지 않아야 지급받을 수 있습니다.

---

구직급여의 수급 요건(고용보험법 제40조)
① 이직일 이전 18개월간(기준기간) 피보험단위기간이 통산 180일 이상일 것
② 근로의 의사와 능력이 있음에도 불구하고 취업(영리를 목적으로 사업을 영위하는 경우 포함)하지 못한 상태에 있을 것
③ 재취업을 위한 노력을 적극적으로 할 것
④ 이직사유가 비자발적인 사유일 것(이직 사유가 법 제58조에 따른 수급자격

---

한 권으로 끝내는 절세 노하우

의 제한사유에 해당하지 아니할 것)
- 자발적 이직이거나 중대한 귀책사유로 해고된 경우는 제외합니다.
- (일용근로자) 수급자격신청일 이전 1월간의 근로일 수가 10일 미만이어야 합니다.
- (일용근로자) 최종 이직일 이전 기준기간 내의 피보험단위기간 180일 중, 법 제58조의 수급자격의 제한사유에 해당하는 사유로 이직한 사실이 있는 경우에는 당해 피보험 단위기간 중 90일 이상을 일용근로자로 근로하여야 합니다.
- 구직급여는 실업의 의미를 충족하는 비자발적 이직자에게 수급자격을 인정하지만 자발적 이직자의 경우에도 이직하기 전에 이직회피노력을 다하였으나, 사업주 측의 사정으로 더 이상 근로하는 것이 곤란하여 이직한 경우 불가피성을 인정하여 수급자격을 부여합니다.

## 구직급여 지급액

구직급여 지급액 = 퇴직 전 평균임금의 50% X 소정급여일수

- 상한액: 이직일이 2019년 1월 이후는 1일 66,000원(2018년 1월 이후는 60,000원 / 2017년 4월 이후는 50,000원 / 2017년 1월~3월은 46,584원 / 2016년은 43,416원 / 2015년은 43,000원)
- 하한액: 퇴직 당시 최저임금법상 시간급 최저임금의 90% X 1일 소정근로시간(8시간)
- 최저임금법상의 시간급 최저임금은 매년 바뀌므로 구직급여 하한액 역시 매년 바뀝니다. (2019년 1월 이후는 1일 하한액 60,120원 / 2018년 1월 이후는 54,216원 / 2017년 4월 이후는 하한액 46,584원 / 2017년 1월~3월은 상·하한액 동일 46,584원 / 2016년은 상·하한액 동일 43,416원)

| 연령 및 가입기간 | 1년 미만 | 1년 이상 3년 미만 | 3년 이상 5년 미만 | 5년 이상 10년 미만 | 10년 이상 |
|---|---|---|---|---|---|
| 30세 미만 | 90일 | 90일 | 120일 | 150일 | 180일 |
| 30세 이상 ~50세 미만 | 90일 | 120일 | 150일 | 180일 | 210일 |
| 50세 이상 및 장애인 | 90일 | 150일 | 180일 | 210일 | 240일 |

구직급여의 소정급여일수(연령은 퇴사 당시의 만 나이입니다.)

- 장애인은 수급자격 신청일 당시 「장애인고용촉진 및 직업재활법」에 따른 장애인으로 등록되어야 합니다.

실업급여 지급절차
우선 기본적으로 사업주가 고용보험 피보험자격 상실신고서와 이직확인서를 사업장 관할 근로복지공단 지사로 신고하여야 합니다. 그리고 실업자가 직접 워크넷을 통하여 신청하여야 합니다. 수급자격 신청교육을 수강한 후에, 수급자격이 인정되는 경우 매 1~4주마다 고용센터를 방문하여 실업안정 신청을 하여야 합니다.

## 실업급여 Q/A

**ⓠ 구직급여는 언제까지 신청하여야 하나요?**
**ⓐ** 수급기간(퇴직 후 1년)이 경과하거나 재취입하면 구직급어가 지급되지 않습니다. 따라서 퇴직 후 바로 거주지 관할 고용센터에 방문하여 실업신고(구직등록은 전산망을 통하여 직접신청)를 하여야 합니다. 구직급여는 보험 가입기간 등에 따라 최대 240일까지 지급되며, 잔여 급여가 남아 있다고 하더라도 퇴직 후 1년이 경과하면 지급받을 수 없습니다.

**ⓠ 실업인정이란 무엇인가요?**
**ⓐ** 수급자는 매 1~4주마다(최초 실업인정은 실업신고일로부터 2주 후) 고용센터에 출석하여 실업상태에서 적극적으로 재취업활동을 한 사실을 신고하고, 실업인정을 받아야 구직급여를 지급받을 수 있습니다.
예외적으로 치업, 컴퓨터 활용능력 등을 고려하여 고용센터에서 온라인 실업인정 대상자로 지정을 받은 경우에는 [고용보험 홈페이지 → 개인서비스 → 실업급여 신청 → 실업인정 인터넷 신청] 혹은 [고용보험 모바일 앱 → 실업급여 → 실업인정신청]에서 공인인증서를 통하여 실업인정일 당일 17:00까지 전송하면, 고용센터 담당자의 실업인정을 통하여 구직급여를 지급받을 수 있습니다.

**ⓠ 실업 인정일에 출석하지 못하면 어떻게 되나요?**
**ⓐ** 지정된 실업인정일에 고용센터에 출석하지 못하면 구직급여는 원칙적으로

지급되지 않습니다. 그러나 불가피한 사유가 발생한 경우 실업인정일을 변경할 수 있습니다.

**❶ 구직급여를 받다가 취업하면 어떻게 하나요?**

**❷** 구직급여를 받다가 소득이 발생하였거나 취업한 경우에는 반드시 신고하여야 합니다.

- 1월간 근로시간을 60시간 이상(1주간 15시간 이상)으로 정하고 취직한 경우
- 1월간 근로시간이 60시간 미만이더라도 일정 금액 이상을 지급받는 경우
- 아르바이트 등으로 실업급여일액 이상의 소득을 얻은 경우
- 세법상의 사업자등록을 하는 경우
- 보험 모집인, 채권추심인, 텔레마케터, 학습지교사 등으로 활동하는 경우 등

**❶ 적극적인 재취업 활동이란 어떤 것을 의미하나요?**

**❷** 재취업을 위한 적극적인 노력으로 인정받을 수 있는 경우는 아래와 같습니다.

구직활동

- 구인업체 방문 또는 우편, 인터넷 등을 이용하여 구인에 응모한 경우
- 채용 관련 행사에 참여하여 구인자와 면접을 본 경우
- 당해 실업 인정일부터 30일 이내에 취업하기로 확정된 경우

직업훈련

- 근로자직업훈련촉진법 제28조의 규정에 의하여 고용노동부 장관의 인정 또는 지정을 받은 훈련과정을 수강하는 경우
- 국가 또는 지방자치단체에서 훈련비용의 전부 또는 일부를 지원하는 훈련과정(출결관리가 이루어지는 경우에 한함)을 수강하는 경우

직업안정기관의 직업지도

- 직업안정기관에서 행하는 직업 지도 프로그램(성취프로그램) 등에 참여한 경우
- 직업안정기관의 장이 소개한 사회봉사 활동에 참여하는 경우
- 직업안정기관의 직업소개 및 직업 훈련 지시에 응한 경우

## 9. 대표자 급여가 무보수라면 과연 4대 사회보험 가입에서 제외할 수 있을까?

원칙적으로 부가가치세법상 사업자등록을 마친 사업자는 사업장 4대보험 성립신고와 직원 채용 시 4대보험 취득신고 의무가 생깁니다. 그러나 예외적으로 법인의 대표자가 무보수인 경우에는 4대보험 가입에서 제외할 수 있습니다. 이 경우에는 대표자가 무보수라는 것을 입증하여야 하는데, 대표자 무보수를 결의한 이사회나 회의록 등 증빙이 있어야 합니다. 이사회 회의록과 사업장 변경신고서 그리고 대표자 무보수 확인서를 관할 국민건강보험공단에 제출하여, 공단에서 무보수라는 것이 확인되면 사업장 4대보험 가입이 제외됩니다. 만약 1인 법인사업장에서 대표자의 급여가 다시 책정될 때는 국민연금과 건강보험만 가입하면 됩니다.

① 국민연금
연금보험료 납부예외신청서를 사업장가입자예외사유 무보수 대표이사로 제출하면 국민연금 가입에서 제외될 수 있습니다.
② 건강보험
정관에 대표이사는 무보수로 한다는 내용이 정관에 기재되어 있으면 정관을 제출하거나, 대표자가 무보수로 결의한 이사회 회의록과 법인 대표자 무보수 확인서를 관할 국민건강보험공단에 제출하고 공단에서 무보수라는 것이 확인되면 건강보험가입이 제외됩니다.

## 10. 원천소득세 납부를 지연할 경우 불이익이 있을까?

### 원천세

  소득을 지급하는 자(회사)가 소득을 받는 자(근로자)에게 지급할 때 근로자가 부담할 세액을 미리 대신하여 징수하는 세금입니다.

### 신고 기간

- 반기 신고(원천징수이행상황신고서 제출)

  1~6월: 7월 10일까지 납부, 7~12월: 1월 10일까지 납부

- 매월 신고(원천징수이행상황신고서 제출)

  소득 지급일이 속하는 달의 다음 달 10일까지. 예를 들어 5월 급여: 6월 10일까지 납부, 6월 급여: 7월 10일까지 납부

### 원천세 신고방법

- 소득세

  홈택스 사이트 접속 → 로그인 → 신고/납부 → 세금신고 → 원천세 → 정기신고 작성 → 확인 → 기본정보입력: 제출년월/귀속년월/지급년월 작성 → 사업자 등록번호 작성 → 직원수/급여액/소득세부분 등록하기 → 신고완료 → 납부서출력 및 납부하기

- 지방소득세

  위택스 로그인 → 지방소득세특별징수 → 특별징수 → 단건납부 → 기본사항 납세의무자 정보입력 → 납부구분(월별or반기별)/소득 지급일/귀속년월 입력 → 납부세액 및 가감조정: 인원수/근로소득 과표 입력 → 특별징수명세서 확인 후 제출 → 신고서 및 납부서 → 전자납부 가능

## 원천세 납부 불성실 가산세

세법 규정에 따라 자진납부를 할 세액을 납부기한까지 납부하지 않거나 미달한 금액으로 납부하였을 경우, 가산세가 붙기 때문에 꼭 납부기한까지 납부하여야 합니다. 불행 중 다행히 원천세는 신고불성실 가산세는 없으며, 납부불성실가산세만 존재합니다.

원천징수하여야 할 세액을 납부기한 내에 미납부 또는 과소납부한 때에는 다음 금액을 합한 금액(①+②)을 가산세로 합니다.

> ① 미납부(과소납부분)세액 × 납부기한의 다음 날부터 자진 납부일(납세고지일)까지의 일수 × 0.03%
> ② 미납부(과소납부분)세액 × 3%

특별징수분인 개인 지방소득세를 기한 내에 미납부(과소납부)한 때에는 미납부(과소납부)세액의 10% 상당한 금액을 한도로 하여 다음의 금액(①+②))을 합한 금액을 가산세로 부과합니다

> ① 미납부(과소납부분)세액 × 납부기한의 다음 날부터 자진 납부일(납세고지일)까지의 일수 × 0.03%
> ② 미납부(과소납부분)세액 × 3%

## 11. 소득세가 과세되지 않는 비과세급여항목, 과연 어떤 것들이 있을까?

비과세급여항목 중 대표적인 목록들 위주로 보겠습니다.

### 식대(월 10만 원)

- 비과세 요건
- 식대가 연봉계약서 등에 포함되어 있고
- 회사의 사규 등에 식사대에 대한 지급기준이 정하여져 있는 경우로서 현물식사를 제공받지 않아야 합니다.
- 추가 비과세 항목
- 야근 등 시간 외 근무 때 실비에 해당하는 식사나 식사대는 비과세
- 식권을 제공받는 경우 현금으로 환급할 수 없는 경우에는 10만 원을 초과하여도 비과세하나, 현금화가 가능한 경우 10만 원까지만 비과세합니다.

### 자가운전보조금(월 20만 원)

- 종업원 소유(부부 공동명의차량 인정) 차량이면서 종업원이 직접 운전하여서 업무수행에 이용하는 것이어야 합니다.
- 시내출장 등의 실제 여비를 지급받는 대신에 소요경비 회사의 사규 등에 따라 정하여진 지급규정에 따라 받는 금액
- 사외출장비의 경우 회사비용(출장비, 여비교통비 등) 처리 가능

## 자녀양육비(월 10만 원)

- 회사 내부 규정에 따라 육아보조비 지원규정이 있으며
- 근로자 또는 배우자의 출산으로 6세 이하 자녀 보육과 관련하여 지급

## 연구보조비(월 20만 원)

- 비과세 대상
- 유아교육기관, 초 중등 및 고등기관의 교원이 지급받는 연구보조비나 연구활동비
- 정부 지자체 출연연구기관 연구원과 직접적으로 연구 활동을 지원하는 자
- 중소 벤처기업 부설연구소나 연구개발 전담부서에 종사하는 자
- 교육기관의 범위
- 유아교육법상의 교육기관인 유치원 초중등 교육법상의 교육기관
- 초등학교, 중학교, 고등학교, 고등교육법상의 교육기관

## 생산직 근로자의 시간 외 근무수당(연 240만 원)

- 기준요건
- 직전 연도 총급여가 2,500만 원 이하이고 월정급여가 210만 원 이하 근로자의 연장근로수당, 야간근로수당, 휴일근로수당에 대하여 소득세를 과세하지 않습니다.

※ 월정급여란 월급여 총액에서 상여 등 부정기적인 급여와 실비변상적 성질의 급여(ex:자가운전보조금 등)와 시간 외 수당을 차감한 금액을 의미합니다.

- 연장근로, 야간근로, 휴일근로로 추가되는 금액 중 연 240만 원까

지 비과세

● 대상직종(일용근로자 포함)

- 생산직 근로자, 광산 근로자, 운전원 및 운반종사자, 어업영위자에
  고용되어 근로를 제공하는 자

※ 건설현장의 경우는 해당하지 않습니다. 따라서 연장근로수당은 등은 근로소
득세가 그대로 과세됩니다.

---

**연장근로, 야간근로, 휴일근로 시간**
연장근로 : 법정근로시간(1일 8시간, 주 40시간)을 초과한 근로시간
야간근로 : 오후 10시부터 오전 6시까지의 근로시간
휴일근로 : 근로의무가 없는 날(유급, 무급휴일 포함)에 행하여진 근로시간

---

## 학자금

● 근로자가 종사하는 회사의 업무와 관련 있는 교육훈련을 위하여
  지급받는 학자금으로 회사 지급규정에 의하여 지급되고 교육 훈
  련기간이 6개월 이상인 경우에는 교육훈련 후 교육기간을 초과하
  여 근무하지 않는 경우 반환하는 조건일 경우에 한함

# 12. 직원들에게 퇴직금 지급, 과연 필수일까?

퇴직금 제도는 근무를 계속한 근로자가 개인 사정 등으로 퇴사를 할
시 퇴사기간 동안에 대하여 기본 생활을 할 수 있도록 만든 제도입니
다. 따라서 소득이 없는 퇴사기간 동안 퇴직금으로 생활을 영위한 후
다시 근로를 시작하라는 의미입니다.

## 퇴직금 지급 조건

퇴직금은 1주 15시간 이상 근무하는 근로자가 1년 이상 계속근로를 제공한 후 퇴사하는 경우 지급대상입니다. 수습기간을 포함한 전체 근로기간이 1년 이상이면 지급 대상입니다. 만일 근로계약서에 수습기간은 퇴직금 산정 시 제외한다는 등의 약정이 있다 하더라도 이는 위법이므로 효력이 없습니다.

## 퇴직금 지급 금액

고용주는 퇴직하는 근로자에게 계속근로기간 1년에 대하여 30일분 이상의 평균임금을 퇴직금으로 지급하여야 합니다(규제 「근로자퇴직급여 보장법」 제8조 제1항, 제2조 제4호 및 「근로기준법」 제2조 제1항 제6호·제2항). "평균임금"이란 이를 산정하여야 할 사유가 발생한 날 이전 3개월 동안에 해당 근로자에게 지급된 임금의 총액을 그 기간의 총 일수로 나눈 금액을 말합니다.

평균임금이 근로자의 통상임금보다 적으면 그 통상임금을 평균임금으로 합니다.

위 내용을 요약하면 다음과 같습니다.

> 퇴직금= 1일 평균 임금 × 30(일) × (재직일수/365)

## 퇴직금 지급기한

법적으로는 퇴직 후 14일 이내에 급여, 퇴직금 등 일체의 금품을 지급함을 원칙으로 합니다. 만일 이 기간 내에 급여 및 퇴직금을 지급받지 못한 경우 관할 고용노동청에 진정을 넣음으로써 권리 구제를 받을 수 있습니다.

## 13. 외국인 직원 고용, 과연 세무 이슈는 존재할까?

외국인 직원 고용 시 일반적인 주의사항을 위주로 보겠습니다.

① 근로일부터 2주(14일) 이내 고용노동부 또는 출입국사무소에 근로 개시신고를 하여야 합니다.

② 종업원에게 임금 지급 시 임금 대장 등에 서명을 받거나, 급여를 통장에 지급하는 것이 좋습니다.

③ 외국인 근로자가 퇴사를 하면 고용센터에 15일 이내에 또는 출입국사무소에 15일 이내에 퇴사신고를 하여야 합니다.

④ 사업장을 인수인계하거나 사업장 정보가 변경되면 해당 고용지원센터에 외국인근로자 고용변동신고서를 제출하여야 하며, 근로계약서도 추가로 재작성하여 제출하여야 합니다.

⑤ 고용허가서를 발급받은 후 또는 외국인 근로자의 근로 시작 후 6개월 이내에 내국인 고용을 줄이거나 조정한다면 외국인 근로자 고용이 제한될 수 있습니다.

⑥ 외국인 근로자를 신규 채용하는 경우 출국만기보험이나 서울보증보험과 같은 외국인 전용보험에 가입이 되어 있어야 한다.

⑦ 1년 이상 근무한 외국인 근로자에 대하여서는 퇴직금을 지급하는 대신 출국만기보험에 반드시 가입되어 있어야 합니다.

⑧ 외국인 근로자를 고용한 모든 사업주는 임금체불에 대비하여 서울보증보험과 같은 임금체불 보험에 가입하여야 합니다.

## 14. 육아휴직, 과연 어떻게 신청할 수 있을까?

### 육아휴직 의미

육아휴직이란 근로자가 만 8세 이하 또는 초등학교 2학년 이하의 자녀를 양육하기 위하여 신청, 사용하는 휴직을 말합니다. 육아휴직은 근로자의 육아부담을 해소하고 계속 근로를 지원함으로써 근로자의 생활안정 및 고용안정을 도모하는 한편, 기업의 숙련인력 확보를 지원하는 제도입니다. 그래서 육아휴직 기간도 근속기간에 포함이 됩니다.

### 육아휴직 기간

육아휴직 기간은 1년 이내입니다. 자녀 1명당 1년 사용 가능하므로 자녀가 2명이면 각각 1년씩 2년 사용이 가능합니다. 그리고 근로자의 권리이므로 부모가 모두 근로자이면 한 자녀에 대하여 아빠도 1년, 엄마도 1년 사용이 가능합니다.

### 육아휴직 신청 방법

육아휴직은 출산휴가와 마찬가지고, 회사와의 협의를 통하여 신청 후 진행할 수 있습니다. 다만, 육아휴직은 최대 1년까지 사용할 수 있기 때문에 해당 기간에 대한 인력수급 계획 등을 고려하여 미리 사측과 협의하여 두어야 합니다.

### 육아휴직 급여

육아휴직 개시일 이전에 피보험단위기간이 모두 합하여서 180일 이상인 근로자에 한하여 육아휴직 신청이 가능합니다. 하지만 근로한 기간이 1년 미만인 근로자, 같은 자녀에 대하여 배우자가 육아휴직을 하고 있는 근로자에 대하여는 사업주가 육아휴직을 거부할 수 있습니다. 또한 과거에 실업급여를 받았을 경우 인정받았던 피보험기간은 제외됩니다. 마지막으로 같은 자녀에 대하여서 피보험자인 배우자가 동시에 육아휴직 중인 경우에는 중복된 기간에 대하여서는 1명만 지급합니다.

## 15. 두루누리 사회보험, 과연 어떤 혜택을 가지고 올까?

### 두루누리 사회보험료 지원사업

소규모 사업을 운영하는 사업주와 소속 근로자의 사회보험료(고용보험 · 국민연금)의 일부를 국가에서 지원함으로써 사회보험 가입에 따른 부담을 덜어주고, 사회보험 사각지대를 해소하기 위한 사업입니다.

### 지원대상

근로자 수가 10명 미만인 사업에 고용된 근로자 중 월평균보수가 210만 원 미만인 근로자와 그 사업주에게 사회보험료(고용보험 · 국민연금)를 최대 90%까지 각각 지원하여 드립니다. 2018년 1월 1일부터 신규 지원자 및 기지원자 지원을 합산하여 3년(36개월)만 지원합니다.

### 근로자 수가 10명 미만인 사업

- 지원신청일이 속한 보험 연도의 전년도에 근로자인 피보험자 수가 월평균 10명 미만이고, 지원신청일이 속한 달의 말일을 기준으

로 10명 미만인 사업

- 지원신청일이 속한 보험 연도의 전년도 근로자인 피보험자 수가 월평균 10명 이상이나 지원 신청일이 속한 달의 직전 3개월 동안 (지원신청일이 속한 연도로 한정함) 근로자인 피보험자 수가 연속하여 10명 미만인 사업

- 지원신청일이 속한 보험 연도 중에 보험관계가 성립된 사업으로 지원신청일이 속한 달의 직전 3개월 동안(지원신청일이 속한 연도로 한정하며, 보험관계성립일 이후 3개월이 지나지 아니한 경우에는 그 기간 동안) 근로자인 피보험자 수가 연속하여 10명 미만인 사업

## 월평균보수 210만 원 미만

- "보수"란 「소득세법」에 따른 근로소득에서 비과세 근로소득을 공제한 총급여액의 개념과 동일하며, 연말정산에 따른 근로소득세 원천징수 대상 근로소득과 동일합니다.

- "월평균보수"란 보험료 산정 기준연도의 보수총액을 월평균으로 산정한 것으로 월별보험료의 산정 기초자료로 활용됩니다.

- "210만 원 미만"이란 근로소득에서 비과세 근로소득을 제외하고 산정한 월평균보수가 210만 원이 되지 않는 경우를 말합니다.

## 지원 제외대상

지원 대상에 해당하는 근로자가 아래의 어느 하나라도 해당되는 경우에는 지원 제외됩니다.

- 지원신청일이 속한 보험 연도의 전년도 재산의 과세표준액 합계가 6억 원 이상인 자

- 지원신청일이 속한 보험 연도의 전년도 근로소득이 연 2,772만 원 이상인 자
- 지원신청일이 속한 보험 연도의 전년도 근로소득을 제외한 종합소득이 연 2,520만 원 이상인 자

## 지원 수준

- 신규지원자: (고용보험료 지원) 지원신청일 직전 1년간 피보험자격 취득이력이 없는 근로자와 그 사업주 (국민연금 보험료 지원) 2018. 1. 1. 이후 국민연금 최초 가입자 또는 지원신청일 직전 1년간 사업장 가입이력이 없는 자(단, 법정 자격신고 기한까지 신고한 경우)
  5명 미만 사업 90% 지원 / 5명 이상 10명 미만 사업 80% 지원
- 기지원자: 신규지원자에 해당하지 않는 근로자와 사업주
  10명 미만 사업 40% 지원

## 보험료 지원방법

두루누리 사회보험료 지원을 신청하면 사업주가 월별보험료를 법정기한 내에 납부하였는지를 확인하여 완납한 경우 그다음 달 보험료에서 해당 월의 보험료 지원금을 뺀 나머지 금액을 고지하는 방법으로 지원하고 있습니다(다만, 그다음 달에 부과될 보험료가 없는 경우에는 해당 월의 지원금은 지원하지 않음). 두루누리 사회보험료의 경우 지원신청일이 속한 달의 고용보험료부터 해당 보험 연도 말까지 지원하되, 보험 연도 말 현재 고용보험료 지원을 받고 있고 그 보험 연도 중 보험료 지원기간의 월 평균 근로자인 피보험자 수가 10명 미만인 경우에는 다음 보험 연도에 별도로 신청하지 않더라도 계속 지원을 받으실 수 있습니다.

# 세금의 기본 '국세청 홈택스'

　세금 신고를 하신 분들, 하여야 하실 분들이라면 '홈택스'는 모두 들어보셨을 텐데요. 또 사이트가 간결하여 보이지만, 세부 메뉴들이 많아 사이트에 접속하시고도 헤매는 분들도 많으시리라 생각됩니다. 그래서 여기서부터는 세금의 기본 사이트인 국세청 홈택스에 대하여 설명하여 보려 합니다.

　국세청 홈택스는 가장 기본이자 중요한 세금 신고와 같은 업무를 세무서에 방문하지 않고, 인터넷으로 할 수 있는 사이트입니다. 그리고 세무 관련 증명서 발급이나 사업자의 매출조회 및 매입조회 등 웬만한 세금 관련 업무는 다 가능합니다. 이때, 홈택스로 세금 신고를 할 수 있는 시간은 각각의 세금에 대한 법정 신고 기간 동안 매일 오전 6시부터 자정까지입니다.

### 홈택스 회원가입

● 인터넷을 통하여 가입하는 방법입니다.

- 개인은 주민등록번호로 가입 요망(공인인증서 또는 휴대전화 또는 신용카드 필요)
- 사업자는 사업자등록번호로 가입 요망(공인인증서 또는 보안카드 필요)

● 직접 세무서 방문을 통하여 가입하는 방법입니다.

- 본인이 직접 신청하는 경우에는 신청자의 신분증 필요
- 대리인이 신청하는 경우에는 위임장과 사업자 신분증 및 대리인의 신분증 필요

① 국세청 홈택스 사이트 접속

※ 각종 보안 프로그램을 설치하라는 메시지가 나타나면 설치를 진행합니다.

② 오른쪽 상단 [회원가입]을 클릭합니다.

③ [회원유형 선택]에서 [개인] 또는 [사업자] 중 해당되는 유형을 선택합니다.

※ 개인인 경우는 근로소득자 또는 프리랜서사업소득자를 주로 이야기합니다.

※ 사업자인 경우는 사업자등록번호가 있는 사업소득자를 주로 이야기합니다.

## 홈택스 이용하기

홈택스에 접속하여 처음 보게 되는 화면의 상단을 살펴보면 다음과 같이 적혀 있습니다. '조회/발급', '민원증명', '신청/제출', '신고/납부', '상담/제보', '세무대리인'이라는 6가지 메뉴가 있습니다. 가장 기본적이면서 중요한 메뉴들입니다.

① 조회/발급

'조회/발급' 메뉴에서는 세금과 관련된 여러 가지 사항을 조회할 수 있는데 근로장려금 및 자녀장려금, 전자세금계산서, 현금영수증, 연말정산내역, 사업자상태(휴업, 폐업 등), 기타 내역 등 모두 조회가 가능합니다. 이 중에서 특히 부가세 예정신고세액이나 소득세 중간예납세액, 국민연금보험료 등은 조회하여서 부가가치세 확정신고, 종합소득세신고 등에 빠짐없이 반영을 하여야 합니다. 그리고 사업용 신용카드 등록도 필수적으로 하여야 추후 신용카드내역을 손쉽게 반영할 수 있습니다.

② 민원증명

'민원증명' 메뉴에서는 민원증명을 세무서에 직접 방문하지 않아도 간편하게 인터넷을 통하여 발급받을 수 있습니다. 수임동의가 되어 있는 세무대리인이거나 본인의 공인인증서로 로그인을 하여 민원증명을 받아 볼 수 있습니다. 인터넷에서 발급받을 수 있는 민원증명은 대표적으로 사업자등록증재발급, 휴폐업사실증명, 납세증명서(국세완납증명), 납부내역증명(납세사실증명), 소득 금액증명, 표준재무제표증명원, 부가가치세 과세표준증명원 등이 있습니다.

③ 신청/제출

'신청/제출'에서는 대표적으로 일용근로소득 지급명세서, 세금계산서합계표, 사업소득지급명세서 등 과세자료를 제출할 수 있습니다. 또한 휴폐업신고나 (휴업자)재개업 신고도 '신청/제출' 칸에서 할 수 있습니다. 특히 지급명세서는 제출기한 후 3개월 내 제출 시 지급금액의

0.5%, 그 이후에 제출 시에는 지급금액의 1% 가산세가 있으니 주의하여야 합니다.

| 소득구분 | 제출기한 |
|---|---|
| 이자, 배당, 연금소득, 기타소득 | 2월 말 |
| 근로, 퇴직, 사업소득, 종교인소득 | 3월 10일 |

④ 신고/납부

'신고/납부' 메뉴는 홈택스에서 세금신고를 하는 메뉴입니다. 부가가치세, 법인세, 원천세, 종합소득세, 양도소득세, 증여세 등 모든 세금을 다 홈택스에서 신고할 수 있습니다. 다만 예외적으로 증여세 경정청구라든지 홈택스에서 신고가 불가능한 부분도 있습니다. 홈택스에서 신고가 불가능한 신고분은 세무서에 서면으로 제출하면 됩니다. 그리고 홈택스에서 신고한 세금은 홈택스에서 납부할 수 있습니다. 아니면 납부서를 출력하여 기재되어 있는 가상 계좌로 납부할 수도 있습니다. 혹시 신고를 완료하고 납부기한까지 납부를 하지 않게 되면 가산세를 추가적으로 납부하게 되오니 주의하시기 바랍니다.

※ 지방소득세는 홈택스가 아닌 위택스에서 별도로 신고, 납부가 필요합니다.

⑤ 상담/제보

'상담/제보' 메뉴에서는 상담사례를 등록할 수도 있고 등록된 상담사례를 볼 수 있습니다. 자주 묻는 상담 사례, 인터넷 상담 사례, 세목별 상담 사례, 핫이슈 상담 사례 등이 있습니다. 그리고 탈세제보나 차명계좌 신고도 '상담/제보' 메뉴에서 가능합니다.

⑥ 세무대리인

'세무대리인' 메뉴에서는 기본적으로 수임납세자 등록, 수임납세자 정정, 수입납세자 해지, 수입납세자 조회 등이 가능합니다. 그리고 해당 수임납세자들에 대하여 신용카드 매출 자료나 현금영수증 매출자료 및 전자세금계산서내역 등 웬만한 세무 업무를 대리하여서 세무대리인이 업무를 수행할 수 있습니다. 세무대리인으로서 수임납세자에 대하여 납부서 출력이나 고지내역, 심지어 체납내역 또한 조회가 가능합니다.

다음으로는, 세금의 종류에 대하여 설명하여 보고자 합니다.

## 국세와 지방세

우리가 내는 세금은 크게 국세와 지방세가 있습니다. 쉽게 이야기하면 국세는 세무서에 납부하는 세금이며, 지방세는 시군구청에 납부하는 세금입니다. 세금의 종류는 매우 다양하지만 개인사업자가 내는 주요 국세와 지방세는 다음과 같습니다.

- 국세(홈택스 신고납부): 원천세 국세분, 부가가치세, 종합소득세 등
- 지방세(위택스 신고납부): 원천세 지방소득세분, 취득세, 등록세 등

## 납세의무자와 세금부담자

'납세의무자'란 세금을 납부할 의무가 있는 자를 말합니다. 일반적으로 이자소득, 배당소득, 사업소득, 근로소득, 연금소득, 기타소득 등 소득이 있는 소득자가 납세의무자가 되고, 납세의무자가 세금까지 납부하는 직접세입니다. 그러나 부가가치세의 경우에는 납세의무자와 실제 담세자가 다릅니다. 즉, 직접세가 아닌 간접세입니다. 물건을 판 사업자가 부가가치세 납세의무자지만 실제로 해당 부가가치세를 부담하는 사람은 최종소비자입니다. 더 나아가 원천세를 보면 원천세를 납부할 의무가 있는 자는 급여를 지급할 때 납부하여야 합니다. 즉, 급여를 지급할 때 급여를 지급하는 사람이 납부하여야 합니다. 그러나 최종적으로 근로소득세를 부담하는 사람은 본인인 근로소득자입니다.

## 주요 세금납부의 흐름

국세청은 세수확보를 위하여 납세자들이 세금을 정직하고 올바르게 신고하길 기대합니다. 개인사업자가 세금을 어떻게 납부하게 되는지 간략한 흐름을 보면 다음과 같습니다.

> **- 원천징수이행상황 신고**
> 매달 직원에게 지급한 급여는 다음 달 10일까지 '원천징수이행상황 신고서'를 제출하여 신고·납부하게 되어 있습니다. 사업주는 원천징수의무자로서 급여를 지급하면 근로소득세와를 그리고 프리랜서 사업소득을 지급하면 해당 인적용역에 대한 사업소득세 등을 원천징수하여 납부하여야 합니다.
>
> **- 부가가치세 신고**
> 분기마다 또는 반기마다 매출자료와 매입자료를 통합하여 총괄적으로 부가세 신고를 하게 됩니다. 매출자료에는 매출세금계산서, 신용카드매출, 현금영수증

매출, 순수현금매출을 합산하여 총매출을 모두 신고합니다. 그리고 매입자료에는 매입세금계산서, 신용카드사용액, 현금영수증매입을 모두 신고합니다. 매출 자료에서 매입자료를 차감하여 납부할 부가가치세액을 산출합니다.

**- 종합소득세 신고**

1년 동안의 모든 종합소득에 대하여 과세를 하는 것이 종합소득세 신고입니다. 1년 동안 원천징수이행상황신고서에 확인된 인건비와 부가가치세 신고로 인한 매출자료 및 매입자료 그리고 부가가치세 신고 때 반영하지 못하였던 일반영수증 등 모든 총비용들을 반영하여 모든 수익과 비용을 차감하여 손익을 산출하여 소득 금액을 계산하여 세율을 곱하여 종합소득세 신고를 내년 5월까지 하도록 되어 있습니다. 이렇게 5월 종합소득세를 끝으로 1년간 납부하는 세금은 마무리 됩니다.

※ 원천세를 납부하여야 하는 관할 세무서는 사업장 소재지 관할이고, 종합소 득세를 납부하여야 하는 관할 세무서는 주거지 관할 세무서입니다.

# 부동산 세금 지식

마지막으로는 부동산과 관련된 도움 되는 세금 지식에 대하여 알아
보도록 하겠습니다.

부동산매매서류는 양도 전까지 분실하지 않는 것이 가장 중요합니
다. 그러나 오래된 거래들은 은근히 분실하는 경우가 발생합니다. 그렇
다면 여기서는 가장 기본이자 중요한 부동산매매계약서 및 그에 따른
영수증 등을 분실한 경우에 해야 하는 최소한의 조치를 보도록 하겠습
니다.

### 매매계약서를 분실한 경우

거래 당시 매입자 또는 중개를 하였던 담당 공인중개사 사무실에 연
락하여 복사본을 입수합니다. 그 외에는 매매계약을 입증할 수 있는
거래사실 확인서, 입금증, 시, 구청에서 발급받은 취득세 및 등록세 납
부서 등으로 최대한 계약을 입증하여야 합니다. 그리고 매매계약서를
사후에 재작성할 수 있는지도 별도로 확인하는 것도 중요합니다.

## 취득세, 등록세

관할 시, 구청에서 납부 영수증을 발급받을 수 있습니다.

## 인테리어 영수증

인테리어 받은 업체에 동일한 인테리어 영수증 작성을 요청합니다. 그렇지만 오랜 시간이 지난 거래에 대하여서는 인테리어 업체의 폐업이나 사정 등으로 재발급이 불가능한 경우가 다반사입니다. 따라서 입금증이나 인테리어 당시 사진 및 항공사진 등을 첨부하여 증명하여야 합니다.

## 신축한 경우

신축비용에 대한 세금계산서 같은 적격 증빙을 구비하고 있다면 비용인정이 가능합니다. 다만 적격증빙 및 견적서 등이 없다면 송금영수증이나 항공사진 등을 통하여 증명하여야 합니다.

### 실생활에 도움 되는 부동산 소득 세금 지식

**TIP 대금지급 시 적격 증빙 보관을 통하여 절세가 가능합니다.**

양도가액에서 취득가액 및 중개비용, 취득세, 등록세 등을 차감하여 납부할 양도소득세를 계산하게 되어 있습니다. 이때 취득가액은 원칙상은 매매계약서로 확인하는 것입니다. 다만, 매매계약서를 분실하였다면 위에서 언급한 대로 그 외의 증빙들로 증명을 하여야 합니다. 그리고 그 외 중개비용 및 취득세, 등록세 등도 물론 계약서와 세금계산서 등 실물 적격증빙으로 입증하여야 합니다. 요약하면 추후 양도를 생각하고 있다면 지금부터라도 과거의 취득 관련 비용들을 모두 모아 두어야 할 것입니다. 물론 증축, 발코니 설치 등과 같은 자본적 지출도 나중에 양도 시 비용처리가 가능합니다. 따라서 그에 대한 증빙인 계약서, 거래명세서 및 사진 등도 제대로 보관할 필요가 있습니다.

**TIP** 양도 전에 세대분리로 절세가 가능합니다.

양도와 세대분리의 연결고리에 대하여 궁금하실 수 있습니다. 현행 세법에서는 일정 요건 충족을 한 1세대 1주택에 대하여서는 양도소득세 산정 시 양도소득세 비과세 규정을 두고 있습니다. 그렇지만 1세대 1주택 판단은 양도시점을 기준으로 판단한다고 규정되어 있습니다. 따라서 1세대에서 2채 이상의 주택을 가지고 있을 경우에는 양도 시점 전에 세대분리를 통하여 절세전략을 취할 수 있습니다. 하지만 양도 시점 바로 직전에 세대 분리를 한다면 소명 요청을 받을 수 있습니다. 따라서 최대한 신속하게 양도소득세 절세 계획을 세우는 것이 좋습니다.

**TIP** 자녀에게 부동산 증여도 절세가 가능합니다.

현재 우리나라 증여세율 아래와 같습니다. 예를 들면 4억 원 상당액의 자산을 어머니가 아들에게 증여 시 7천만 원의 세금을 납부하게 됩니다.

계산방법: 과세표준×세율-누진공제

| 과세표준 | 세율 | 누진공제 |
|---|---|---|
| 1억 원 이하 | 10% | 0원 |
| 5억 원 이하 | 20% | 1,000만 원 |
| 10억 원 이하 | 30% | 6,000만 원 |
| 30억 원 이하 | 40% | 1억 6,000만 원 |
| 30억 원 초과 | 50% | 4억 6,000만 원 |

물론 취득세 및 등록세도 추가로 납부하게 됩니다. 증여 컨설팅 시 가장 먼저 비교하게 되는 방안이 부담부증여입니다. 그렇다면 부담부증여가 무엇인지 먼저 보도록 하겠습니다. 부담부증여란 자산을 증여할 경우 쟁점 자산에 임대보증금(부채)이나 쟁점 자산을 담보로 대출(부채)을 받아 증여하는 방식입니다. 부채가 걸려 있지 않은 자산 부분에 대하여서는 증여세가 적용되며, 부채가 걸려 있는 자산 부분에 대하여서는 양도소득세가 적용됩니다. 예를 들어 4억 원 증여 자산에 부채가 3억 원이 걸려 있다고 가정하여 보겠습니다. 이런 경우에는 1억 원(4억 원-3억 원)에 대하여서만 증여세가 부과됩니다. 하지만 3억 원인 부채 부분에 대하여서는 양도소득세가 부과되기 때문에 여러 방면으로 검토를 하여서 유리한 방안을 선택하여야 할 것입니다.

일단 기본적으로 증여세율은 10~50%로 세율이 높으며, 양도소득세는 누진세율(6~42%)로 계산됩니다. 또한 증여세는 납세의무자는 수증자(아들)이며, 양도소득세는 양도자(어머니)입니다. 여기서 주의할 점은 증여세 납세의무자는 수증자(아들)이므로 수증자가 증여세 납부를 하여야 합니다. 따라서 증여세를 납부할 능력이 없다면 자산 증여 시에 증여세를 납부할 현금도 같이 증여를 하여 주는 것이 좋습니다. 그리고 증여세를 수증자의 재산 내에서 납부를 하였더라도 납부능력을 수증자가 증명하지 못한다면 해당 금액도 증여로 보아 증여세를 추징당할 수 있습니다. 따라서 이런 거래에서는 사전에 자금 흐름을 명확히 하여 둘 필요가 있습니다. 그리고 만일 증여 대신 유상거래로 양도소득세를 납부함으로써 자녀에게 자산을 주기로 하였다면 거래금액을 얼마로 할지에 대하여 고민이 많을 것입니다. 가족은 특수 관계인에 해당하므로 저가 양도를 하면 매도자에게는 시가로 환산하여 양도소득세가 부과하고 매수자에게는 시가와 대가의 차이만큼 증여세를 부과받게 됩니다. 따라서 안전하게 최소 시가의 80% 선에서는 가격 결정을 하여야 합니다.

**TIP 배우자에게 부동산 증여도 절세가 가능합니다.**

부부간에 부동산 등 재산을 증여하는 경우에는 증여세를 계산할 때 증여일로부터 이전 10년간 총 6억 원의 증여재산공제를 하여 줍니다. 결국 부부간에는 재산을 증여하더라도 6억 원까지는 증여세가 과세되지 않는 것입니다. 따라서 배우자에게 증여하는 경우에는 적극적으로 매매사례가액 또는 감정평가를 받아 높은 가액으로 증여를 하는 것이 좋습니다. 왜냐하면 부부의 증여재산공제 한도인 6억 원까지는 증여세가 비과세되기 때문에 최대한 높은 가액으로 부부의 취득가액을 설정하게 되면 추후 양도 시 양도소득세 납부를 줄일 수 있기 때문입니다. 혹시 매매사례가액이나 감정받은 가액이 6억 원을 훨씬 웃도는 경우에는 쟁점 증여재산의 전체가 아닌 일부만을 증여하여 비과세되는 6억 원에 대하여서만 증여를 하여도 됩니다.

**TIP 세법은 형식보다 실질을 우선합니다.**

세법에서는 실질과세 원칙이라는 것이 있습니다. 실질 내용에 따라 과세하는 원칙을 말합니다. 이 원칙은 세법을 운영하는 기본적인 원칙이기도 합니다. 예를 들어 사업을 할 때 명의를 대여한 경우에는 명의자가 아닌 실질 사업 소유자에게 소득세를 부과하는 것을 말합니다. 또한 부동산 차명거래인 경우에도 실제 명의인에게 양도소득세를 부과하도록 되어 있습니다.

### 🆃🅸🅿 무허가 주택도 양도소득세 비과세가 가능합니다.

무허가 주택도 실질은 당연히 일반주택과 동일하게 주택입니다. 따라서 1세대 1주택 비과세 요건을 만족한다면 무허가 주택도 허가 여부와 관계없이 비과세가 가능합니다. 추가적으로 무허가 주택임을 확인받을 수 있는 서류로는 재산세를 납부한 영수증 등이 있습니다.

### 🆃🅸🅿 (구)단독주택을 멸실시키고 (신)단독주택을 신축한 경우도 절세가 가능합니다.

만약 (구)단독주택을 멸실시키고 (신)단독주택을 신축한 경우 1세대 1주택 비과세 요건 판별 시 2년 이상 보유요건이 (구)단독주택부터 적용이 되는지가 중요합니다. 그렇다면 세법에서는 노후로 인하여 (구)주택을 멸실시키고 (신)주택을 신축한 경우 보유 기간을 계산하는 방법에 대하여 어떻게 규정하고 있는지 살펴보겠습니다. 결과는 당초 주택의 보유 기간과 신축 주택의 보유 기간을 통산하여 계산하도록 명시하고 있습니다. 예를 들면 (구)주택 보유 기간이 2년, (신)주택 보유 기간이 1년인 경우 (신)주택 양도 시 보유 기간은 3년으로 보는 것입니다. 거주기간도 보유 기간과 동일하게 (구)주택 및 (신)주택을 합산하여 판결합니다. 다만, 공사기간 동안은 거주를 할 수 없으므로 제외를 하여야 합니다.

### 🆃🅸🅿 (구)단독주택을 멸실시키고 토지만 양도할 경우도 절세가 가능합니다.

결론 먼저 이야기하면 주택을 양도한 것이 아닌 단순히 토지를 양도한 것으로 세법은 보고 있습니다. 다만, 철거를 하고 나대지가 된 토지에 대하여서는 2년 내에 양도를 하면 비사업용토지가 아닌 사업용토지로 보고 있습니다. 따라서 장기보유특별공제도 적용되며 세율 또한 기본세율이 적용됩니다. 토지의 장기보유특별공제 적용 시에도 보유 기간은 (구)단독주택 취득 시부터 양도 시까지 합산하여 판단합니다. 그렇다면 위와 같은 상황에서 토지를 양도한 경우 토지의 취득가액 자체는 어떻게 산정되는지 보겠습니다. 멸실된 건물 취득가액에 철거비용을 가산한 후, 멸실된 건물 양도가액을 차감하여 토지가액을 산정하라고 명시되어 있습니다. 그렇지만 위와 같은 금액을 취득가액으로 인정받기 위하여서는

(구)건물을 철거 후에 토지만을 이용하려고 하였음을 증명하여야 합니다. 따라서 증명하지 못한다면 취득가액으로 인정받지 못하오니 종합적으로 사실관계를 판단하여야 할 것입니다.

**🆃🅸🅿 주택 양도 시 중과세주택 여부 판별이 중요합니다.**

우리나라에는 다주택자가 정말 많이 있습니다. 그렇지만 다주택자라고 하여서 모두 주택 양도 시 중과세를 적용받는 것은 아닙니다. 더 나아가 다주택자도 임대사업자등록 등의 방법을 통하여 비과세 혜택도 받을 수 있습니다. 예를 들어 서울 및 수도권 외 지방지역(지방광역시 제외)의 기준시가가 3억 원 이하인 주택은 몇 채를 가지고 있든 중과세 주택 수에 포함되지 않습니다. 따라서 주택을 매매할 때에는 세무 전문가와 상담하여 사실관계를 정확히 따져보고 양도 여부를 결정하여야 합니다.

**🆃🅸🅿 주택임대사업자는 면세사업자입니다.**

주택임대사업자는 월세를 받든 전세금을 받든 상관없이 부가세를 별도로 수취할 필요가 없는 면세사업자입니다. 주택임대사업자의 입주자들은 대부분 서민으로 보아 정책목적상 부가세를 면제하여 주고 있기 때문입니다.

아래에서는 임대주택의 처분과 관련된 세금 문제들을 살펴보도록 하겠습니다.

### 임대주택의 처분과 세금관계

임대주택을 처분할 경우에 1세대 1주택 비과세 요건을 충족하는 경우를 제외하고는 대부분 세금을 납부하게 됩니다. 다만, 임대사업자등록을 한 경우와 하지 않은 경우의 차이점에 대하여 보려고 합니다. 즉, 임대사업자등록을 함으로써 추가적인 혜택은 없는가 하는 것입니다. 우리나라는 주택임대사업은 정책상 장려할 필요가 있다고 판단하여서 때에 따라서는 양도세를 면제하기도 하며 중과세에서 제외하기도 합니다. 이에 대한 내용을 아래에서 살펴보도록 하겠습니다.

### 양도세 면제를 받기 위한 조건

IMF 기간 등에 취득한 국민주택을 5년간 임대한 경우에 한하여 한시적으로 양도소득세를 면제하여 주고 있습니다. 이 경우에도 물론 관할 시·군·구청 및 관할 세무서에 임대사업자등록이 되어 있어야 합니다.

## 양도세 중과세에서 제외되는 조건

임대사업자는 기본적으로 다주택자에 해당합니다. 왜냐하면 거주하는 주택 외의 주택을 대부분 임대하고 있기 때문입니다. 그렇지만 아래의 중과세 제외 요건을 충족한다면 양도세가 중과세 되지 않습니다.

| 구분 | | 양도세 중과세 제외 요건 |
| --- | --- | --- |
| 매입임대주택 | 2003년 10월 29일 이전 기존 사업자 | 2호 이상, 임대기간 5년 이상 단, 주택은 85㎡ 이하이고, 취득 당시 3억 원 이하일 것 |
| | 2003년 10월 30일 이후 신규 사업자 | 1호 이상, 임대기간 5년 이상 단, 취득 당시 6억 원 이하일 것 |
| 건설임대주택 | 두 채 이상, 5년 이상 임대 단, 주택은 149㎡ 이하이고, 취득 당시 6억 원 이하일 것 | |

## 신축주택의 임대와 세금

주택을 신축하였을 경우의 임대는 일단 두 가지 경우로 나누어집니다. 첫째, 당초부터 임대를 목적으로 주택을 신축할 수도 있으며, 둘째로는 당초 매매를 목적으로 주택을 신축하였으나 매매가 이루어지지 않아 임대하는 경우도 있습니다. 위 두 경우의 세금 차이를 보도록 하겠습니다.

● 당초부터 신축 목적이 임대인 경우

우선 임대를 위하여 신축하는 경우라면 사업자등록을 하는 것이 유리합니다. 현재는 주택임대사업자에 대하여 사업자등록을 하지 않은 경우 수입금액의 일정 비율만큼 가산세를 부과하고 있어 더욱이 필수적으로 임대사업자등록은 하여야 합니다. 또한 사업자등록을 하여야 취득할 때 취득세 등을 감면받을 수 있습니다. 다만, 사업자등록은 사용승인일 전(사업개시 전)에 하여야 하며 세금계산서를 수취하는 주택임대가 아닌 상가임대 등일 경우에는 사업 시작 전에 하여야 부가세를 환급받을 수 있습니다. 다만, 임대를 목적으로 신축한 후에는 이를 양도하면 양도세가 부과되는 것은 잊지 말아야 합니다.

● 당초부터 신축 목적이 분양이었으나 부득이하게 임대하게 된 경우
신축 후에 분양이 안 되어 일시적으로 임대하여 임대소득이 발생한 경우에는 부동산임대소득으로 사업소득이 과세됩니다. 그리고 분양하였을 경우에는 사업소득이 별도로 과세됩니다.

### 주택임대사업자가 반드시 정리하여야 할 것들

앞에서 살펴본 것처럼 주택을 임대하는 경우 주택임대사업자에 해당하게 됩니다. 다만 소득세법이 개정되면서 주택임대사업자는 의무적으로 주택임대사업자 등록을 하여야 합니다. 주택임대사업자에 대하여 미등록가산세(수입금액의 0.2%)가 부과되기 때문입니다. 그리고 주택임대사업자 등록을 하여야 종합소득세 신고 시 필요경비도 더 많이 인정을 하여 줍니다.

### TIP 주택임대사업자등록은 세무서에서 신청하면 됩니다.

간단히 말하면 부동산 소재지 관할 세무서에서 사업자등록을 세무서에서 신청을 하면 됩니다. 다만, 사업자등록 전에 시군구청에서 주택임대사업자 신고를 먼저 하여야 합니다. 주택임대사업자들의 편의를 위하여 임대주택이 여러 채가 있다면 각 부동산 소재지 관할 세무서에 사업자등록을 하기가 번거롭습니다. 따라서 세법은 임대주택법에 따라 주소지 관할 시·군·구청에 임대사업자등록을 먼저 하고 그 등록한 주소지를 사업장으로 하여 관할 세무서에 사업자등록을 한 번에 할 수 있도록 규정하고 있습니다.

### TIP 주택임대사업자 등록을 하면 취득세 감면을 받을 수 있습니다.

주택임대사업자등록을 사용승인일 전에 하게 된다면 주택임대사업자는 취득세 감면을 받을 수 있습니다. 취득세 감면 내용을 요약하면 아래와 같습니다.

| 구분 | | 40㎡ 이하 | 40㎡~60㎡ | 60㎡~85㎡ |
|------|------|------|------|------|
| | 공통 | 공동주택 건축, 분양 또는 주거용 오피스텔 분양 시 | | |
| 취득세 | 4년 단기 | 면제 (1호 이상)<br>(취득세액 200만 원 초과 시 85% 감면 | | - |
| | 8년 장기 | | | 50% 감면<br>(20호 이상 시) |

**TIP 주택임대사업자 등록을 하면 재산세 감면을 받을 수 있습니다.**

주택임대사업자를 등록한 경우 재산세 감면이 가능합니다. 또한 임대주택의 활성화를 위하여 다음과 같은 조건을 갖춘 임대주택에 대하여서는 종합부동산세가 비과세 됩니다.

| 구분 | | 40㎡ 이하 | 40㎡~60㎡ | 60㎡~85㎡ |
|---|---|---|---|---|
| 재산세 | 공통 | 2호 이상 임대 시 공동주택 건축, 매입 또는 주거용 오피스텔 매입 시 | | |
| | 4년 단기 | 면제 | 50% 감면 | 25% 감면 |
| | 8년 장기 | (재산세액 50만 원 초과 시 85% 감면) | 75% 감면 | 50% 감면 |

종합부동산세를 비과세 받으려면 기본적으로 위와 같은 조건을 충족하여야 합니다. 그리고 관할 시·군·구청에 임대주택을 등록하고, 관할 세무서에 사업자등록을 하여야 합니다.

**TIP 입주권과 분양권의 차이점을 보도록 하겠습니다.**

먼저 입주권은 양도소득세 계산 시 주택 수에 포함됩니다. 따라서 입주권을 보유하고 있다면 양도소득세 산정 시 분명히 고려하여야 합니다. 다주택자에 대하여 양도소득세 중과세 규정 등이 있기 때문입니다. 입주권은 재건축이나 재개발 사업장의 조합원이 관리처분 계획에 따라 받은 아파트에 들어갈 수 있는 권리를 말합니다. 입주권은 단순히 당첨된 분양권과는 세법상으로 다르게 취급받습니다. 분양권은 단순한 권리에 불과하므로 주택 수로 보지 않아 양도소득세 산정 시 영향을 미치지 않습니다.

**TIP 주택임대사업자와 관련하여 실무상 도움 되는 9가지를 정리하여 보았습니다.**

01. 주택임대사업자는 취득세 및 재산세 등을 감면받을 수 있습니다.

위에서 언급하였지만 주택을 임대하기 위하여 주택을 신축하면 취득세를 감면받을 수 있습니다. 단, 기존주택을 구입한 경우에는 위 혜택 적용은 불가능합니다.

02. 주택임대사업자는 종합부동산세와 양도소득세를 절감할 수 있습니다.

주택임대사업자를 시·구청 및 세무서에 등록한 후에 일정 규모 요건을 만족하고 5년간 임대하면 종합부동산세가 비과세됩니다. 물론 양도소득세 중과세에서도 제외됩니다.

03. 임대주택 외의 일반주택은 비과세가 적용되지 않는다는 것을 유의하여야 합니다.

세무 전문가의 도움을 받아 임대주택과 일반주택 등 주택이 많을 경우 세금을 최소화하여야 함을 명심하여야 합니다.

04. 의무임대기간 전에 처분하면 세금을 추징당할 수 있으니 주의하여야 합니다.

주택임대사업자등록을 한 후 5년 이상 임대 요건을 충족시켜야 비과세 적용을 받을 수 있습니다. 다만 양도세 비과세를 먼저 적용받고 5년 이상 임대 요건을 사후적으로 충족시켜도 비과세는 가능합니다. 따라서 비과세 적용을 받고 5년 이상 임대 요건을 충족하지 못한 경우에는 가산세까지 부과하여 세금을 추징당할 수 있으니 주의하여야 합니다.

05. 월세소득은 소득세가 명확히 부과됩니다.

1세대 1주택 기준시가 9억 원을 초과하는 고가주택을 임대하여 주고 월세를 받을 경우 소득세가 과세됩니다. 그 외 1세대 2주택 이상인 경우에는 월세를 받을 경우 소득세가 과세됩니다.

06. 전세보증금 또한 소득세가 부과됩니다.

현재 세법에서는 전세보증금에 대하여서도 소득세가 부과됩니다. 다만 1세대가 3주택 이상이면서 받은 보증금액이 3억 원을 초과한 경우에만 소득세가 부과됩니다.

07. 등기를 공동으로 하면 전세금 6억 원까지는 소득세가 과세되지 않습니다.

위에서 언급한 1세대 3주택은 부부의 주택 수가 합산되지만 3억 원 판별 시에는 부부도 각각 3억 원을 계산합니다. 따라서 공동으로 등기를 하게 되면 6억 원까지는 소득세가 과세되지 않습니다.

08. 월세소득 및 전세보증금을 파악을 잘하여야 합니다.

과세당국은 월세액 세액공제 등을 통하여 임차인으로 하여금 신고를 유도하고 있습니다. 따라서 월세액 등이 누락되지 않게 잘 확인하여야 합니다.

09. 주택신축판매사업자는 사용승인일 전에 사업자등록을 하여야 합니다.

주택신축판매사업자는 사용승인일 전에 사업자등록을 하여야 취득세 감면 규정을 적용받을 수 있기 때문입니다. 세부적인 사항은 세무 전문가와 상의를 추천하여 드립니다.

# [개인 → 법인]
# 개인사업자의 법인전환 및 고려사항

개업하시는 사업주분들이 제일 처음에 고민하시는 과제는 바로 개인사업자로 사업을 시작할지 법인사업자로 사업을 시작할지 여부입니다. 우선 개인사업자는 사업소득세를 법인은 법인세를 냅니다. 법인은 세율이 낮아서 대형사업에 유리하지만, 법인에 대한 각종 관리비용이 발생하기 때문에 소규모 사업의 경우 개인사업자가 더 유리합니다. 하지만 그에 대한 구분이 확실하지 않은 경우, 개인사업자로 사업자등록을 할지 법인사업자로 사업자등록을 할지 선택하기 위하여서는 두 사업자가 어떻게 다르고 각각의 장단점은 무엇인지를 파악하여 신중히 선택하시면 됩니다. 지금부터 이에 대한 설명을 드리도록 하겠습니다.

먼저 사업을 시작하면 주민등록번호와 같은 사업자등록번호(사업자등록증)를 부여받습니다. 사업자 명칭으로 가장 먼저 법인인지 개인인지를 파악할 수가 있는데, 상호 앞에 ㈜ 또는 주식회사 명칭이 있다면 법인으로 봐도 무방합니다. 그리고 법인사업자의 경우에는 법으로 하나의 독립된 개체 즉, 법인격이 인정되는 반면에 개인사업자인 경우에는 사업자 본인 자체가 자연인에 해당합니다. 법인사업자는 세법 측면에서 법인세법의 적용을 받고, 개인사업자는 소득세법의 적용을 받습니다. 법인세법과 소득세법은 많은 차이점을 가지고 있습니다. 따라서 법인세율이 낮다는 이유만으로 법인으로 설립하거나, 법인으로 전환하여 가산세 등의 제재를 받아 후회를 하시는 사업자분들을 많이 보았습니다. 그리고 법인의 폐업 절차는 개인처럼 쉽지 않습니다. 법인 운영 중에 가지급금이 발생하면 적은 금액의 가지급금은 상관없지만 가지급금이 큰 경우에는 상여처분이 될 소지도 있어 주의하여야 합니다.

구체적으로 개인사업자와 법인사업자의 차이를 살펴보겠습니다. 개인사업자와 법인사업자의 중요한 차이는 개인사업자는 설립 절차가 법인에 비하여 간단하고 설립비용 또한 저렴하다는 것입니다. 또한 세율 측면에서도 개인사업자는 6~42%로 높은 세율이 적용되는 반면에 법인사업자는 10~25%로 상대적으로 낮은 세율이 적용됩니다. 그리고 법인사업자의 경우 개인사업자와 다르게 대표자의 급여와 퇴직금을 비용 처리할 수 있습니다. 여기까지만 보면 법인사업자가 개인사업자에 비하여 유리하다고 볼 수 있습니다.

하지만 개인사업자는 사업용 계좌에 있는 현금 등 자산들을 개인 마음대로 사용할 수 있습니다. 그러나 법인은 법인격이 인정되는 법인의 통장이므로 대표자 개인이 통장의 돈을 마음대로 사용하지 못합니다. 즉, 법인통장에 있는 돈은 법인대표자의 돈이 아니라 법인 소유의 돈이므로 법인통장에서 함부로 인출하였다가는 앞에서 언급한 가지급금

문제가 발생할 수 있습니다. 대표자가 마음대로 법인통장에 있는 돈을 사용한다면 법인으로부터 대표자가 돈을 빌려 간 것으로 보아 법인에 대표자가 이자를 지급하여야 하고, 법인에는 이러한 이자 소득에 대한 법인세를 납부하여야 합니다. 더 나아가 가지급금은 상여처분으로 귀속될 수 있으니 주의하여야 합니다. 바로 이 점이 개인사업자들로 하여금 법인 전환을 꺼리게 하는 가장 큰 이유입니다.

그 외에도 추가로 고려하여야 할 사항이 있습니다.

## 1. 인건비 처리가 까다로운 음식업종 등

실무상 인건비를 전부 다 신고하지 못하는 업종인 경우에는 법인 전환이 오히려 손해일 수 있습니다. 인건비를 신고하지 못하는 경우란 사업주가 경비처리를 위하여서는 인건비 신고를 하여야 하는데, 4대보험 문제라든지 직원의 개인사정으로 제대로 된 인건비 처리를 하지 못하는 경우가 다분합니다. 그리고 요식업 등은 근무 환경이 고되어 직원 뽑기에도 애를 먹는 경우가 많습니다. 그 결과 외국인불법체류자라든지 신용불량자를 고용하는 경우가 다반사입니다. 따라서 이러한 외국인불법체류자나 신용불량자인 경우에는 주민등록번호와 같은 인적 사항을 주지 않는 경우가 많아 대표자는 어쩔 수 없이 법인통장에서 돈을 꺼내 급여를 지급할 수밖에 없습니다. 그러나 이렇게 되면 대표자가 월급을 주기 위하여 법인통장에서 출금한 돈은 가지급금으로 보아 즉, 법인에게 대표자가 돈을 빌린 것으로 보아 세무 이슈가 많이 발생합니다. 특히 이 해당 가지급금이 상여 처분이 되면 대표자에게 소득세 부담이 가중됩니다. 그리고 가지급금이 너무 많이 쌓여 폐업을 하게 되더라도 가지급금은 결국 폐업과 동시에 상여처분이 되는 것을 알고 계셔야 합니다. 내가 내 돈을 사용하는데 규제가 왜 엄격한지 의구심을 가질 수 있지만, 법인은 대표자와는 다른 인격체임을 기억하여야 합니다. 그리고 법인통장의 입출금 내역과 손익 내역은 정확히 일치하여야 하는데, 일치하지 못한다면 세무서에서 소명요청을 할 수 있습니다.

## 2. 자금 유용이 수시로 필요한 사업장

한 해의 벌어들인 소득을 대부분 바로 또 사용하는 사업장인 경우에는 법인보다는 개인으로 사업을 유지하는 것이 좋습니다. 이 경우에 단지 세율을 이유로 개인사업자에서 법인사업자로 전환하면 분명 후회하게 됩니다. 법인세율은 소득세율보다 낮다는 장점이 있지만, 그건 소득이 법인에게 귀속될 경우에만 해당합니다. 예를 들어 3억 원의 소득이 발생하였다고 가정하여 보겠습니다. 개인은 3억 원에 대하여 38% 세율이 적용될 것이며, 법인은 3억 원에 대하여 20% 세율이 적용될 것입니다. 그러나 그 법인의 돈을 개인이 가져가 쓰려면 배당을 받거나 근로소득인 급여 경비로 돈을 가져와야 합니다. 따라서 이럴 경우에 또 38%의 세율이 적용받게 되어 결국에는 20%+38%인 58% 세율을 적용받게 됩니다. 따라서 자금 대부분을 바로바로 사용하여야 하는 사업자인 경우에는 법인보다는 개인이 좋습니다. 물론 자금 유용이

크지 않은 사업자인 경우에는 법인의 돈을 조금씩 배당이나 급여로 지급받는다면 낮은 세율의 세금으로 돈을 가져올 수 있습니다.

## 3. 가업 승계를 고민하고 있는 사업장

가업 승계 등을 염두에 두고 있다면 법인으로 전환하는 것이 적합합니다. 예를 들어 아버지가 아들에게 개인 형태로 가업 승계를 하기 위하여서는 개인사업자의 폐업 절차를 통하여 가업 승계를 하여야 합니다. 하지만 법인사업자의 경우에는 주식 승계를 통하여 기존의 사업을 그대로 승계할 수 있는 장점이 있습니다. 그리고 법인 형태인 경우에는 외부에서 투자를 받기도 좋습니다. 투자받은 돈을 대표자가 함부로 사용할 수 없어 외부에서도 신뢰를 가지고 더 긍정적으로 투자를 검토하기 때문입니다.

결과적으로 개인사업자인지 법인사업자인지는 대표자가 선택하는 것이지만 위 사항을 고려하여 결정한다면 더욱 현명한 선택이 될 것이라고 확신합니다.

한 권으로 끝내는 절세 노하우

## 개인사업자와 법인사업자의 차이점

| 구분 | 개인사업자 | 법인사업자 |
|---|---|---|
| 설립 절차 | 설립 절차가 간단함 | 설립 절차가 복잡함 |
| 설립 비용 | 거의 안 듦 | 설립등기 비용, 등록면허세, 채권매입 비용 등의 설립 비용이 발생함 |
| 세 부담 차이 | 6~42%의 세율이 적용됨 | 10~25%의 세율이 적용됨 |
| 자금 인출 | 자유로움 | 자유롭지 않음(급여나 배당 등 과세 절차 필요) |
| 과세 체계 | 종합소득세 부과 | 법인세 부과 |
| 대표자 급여 | 급여가 비용 인정 X | 급여를 비용 처리 가능함 |
| 배당 | 개인 기업은 배당 불가 | 주주에게 배당 가능 |
| 퇴직금 | 대표자의 퇴직금 인정 X | 퇴직금을 지급받을 수 있음 |
| 자금조달 | 한계가 존재함 | 대규모 자금조달이 가능함 |
| 의사 결정 | 자유롭고 신속함 | 이사회 등 협의가 필요함 |

# [개인 → 법인]
# 개인사업자의 법인전환 시 기본적인 법인세 과세 흐름

다음은 법인사업자의 개념에 대하여 살펴보겠습니다.

개인사업자는 회사 돈은 곧 내 돈이라는 개념으로 회사 돈을 개인적인 용도로 사용하여도 상관없습니다. 반면 법인사업자는 회사 돈은 곧 내 돈이라는 개념이 아니고, 회사 돈은 법인인 회사 소유의 돈입니다. 따라서 법인사업자는 대표자가 돈을 사적으로 꺼내 사용하면 법인의 돈을 대표자가 훔쳐가는 모양새가 됩니다. 따라서 많은 세무 이슈들을 야기합니다. 그래서 개인이 그 돈을 사용하려면 대표이사에게는 급여(근로소득과세)나, 배당(배당소득과세)으로 적법한 절차를 거쳐서 가져가야 합니다.

개인사업자는 장부기록 즉 회계처리 또한 간단합니다. 반면 법인사업자는 사업 초기부터 복식부기로 장부를 하여야 하며, 통장 내역 또한 처음부터 사용 내역이 기재되어야 세무 이슈가 발생하지 않습니다. 물론 개인사업자도 일정 규모 이상이 되면 복식부기로 장부를 하여야 하며, 통장 또한 사용 내역이 정확히 기재되어야 하지만, 법인사업자는 처음부터 장부기장을 철저하게 하여야 하는 부담감이 따릅니다.

그렇지만 법인사업자는 개인사업자와 다르게 투자받기도 좋고 자본 조달도 용이합니다. 주식회사인 법인은 각각의 주식을 통하여 외부로부터 투자받기도 용이하고, 주식 매매를 통하여 자본 조달도 가능합니다. 앞에서 설명하였듯이 법인의 돈은 개인 마음대로 꺼내 가기란 쉽지 않습니다. 이러한 점을 근거로 은행에서도 자금을 개인사업자보다는 더 믿고 대출을 하여 줍니다.

그리고 공동사업자인 개인사업자보다 법인사업자가 더 투명하고 정확하게 소득이 발생하였을 때 분배를 더 정확히 할 수 있습니다. 그리고 법인에 투자를 하면 주주들은 주식을 보유하게 되는데 주식의 판매를 통하여서도 투자금을 회수할 수 있습니다. 그리고 법인 자체에서도 자금이 부족하면 주식 발행을 통하여 자금조달을 받을 수 있습니다. 따라서 법인사업자는 대표자 개인이 돈을 마음대로 할 수 없다는 근거가 단점이자 장점으로 작용하고 있습니다.

여기서부터는 법인설립 과정에 대하여 살펴보도록 하겠습니다.

### 사업자등록

개인사업자든 법인사업자든 가장 처음에 하는 절차가 사업자등록입니다. 주민등록번호와 같이 사업자에게 사업자등록번호를 부여하는 행위입니다. 대부분의 법인사업자들은 주식회사로 설립을 많이 합니다. 주식회사 설립을 위하여서는 정관 작성 등의 작업이 필요합니다.

사업자등록은 과세관청 즉, 세무서에 이제 사업을 시작할 것이며, 소득을 벌면 세금 납부를 성실하게 하겠다는 암묵적 동의입니다. 사업자등록을 하면 세무서에서도 과세를 위한 장치를 내부적으로 마련할 것입니다. 세법은 개인에게 적용되는 소득세법, 법인에게 적용되는 법인세법, 그리고 일반적인 사업자등록 등을 규정하고 있는 부가가치세법이 있습니다. 세 가지 세법 모두 사업자등록에 대한 규정이 있습니다. 세 가지 세법 모두 사업자등록에 대한 규정이 있지만 한 가지에서 사업자등록을 이행하면 다른 법의 절차는 대체됩니다.

## 법인세 이중과세 소지

법인을 기초로 납세의무자 등 이해관계자들에 대하여 살펴보겠습니다. 가장 기본적으로 법인세 납세의무자는 법인 자체입니다. 그리고 법인은 크게 두 종류로 나눌 수 있습니다. 수익사업을 목적으로 이익을 창출하여 해당 이익을 배당 등의 방법으로 주주들에게 분배 목적으로 설립된 영리법인이 있고 비수익사업을 목적으로 하는, 예를 들어 은행, 학교 등의 비영리법인이 있습니다. 대부분의 법인은 영리법인이며 이익에 대하여 법인세가 과세되며, 해당 이익을 주주 및 대표자 등에게 분배할 때 배당소득 또는 근로소득이 과세됩니다. 따라서 법인세를 많이 납부하게 되면 주주 및 대표자 등에게 분배할 이익은 줄어들게 됩니다. 즉, 법인에 법인세를 과세하는 것은 주주 및 대표자에게 간접적으로 과세하는 효과가 있습니다. 결국 우리나라 법인세 구조는 결국 주주 및 대표자가 이익을 가져가기 위하여서는 이중과세 문제가 발생하고 있습니다. 물론, 이중과세문제를 해결하기 위한 법인세법에서 장치를 마련하고 있지만 100% 이중과세 문제를 해결하여 주지는 못하

한 권으로 끝내는 절세 노하우

고 있습니다.

## 기본적인 법인세 과세 절차

법인 회사는 기본적으로 장부작성을 하는데, 이를 재무제표(손익계산서, 재무상태표 등)라 부릅니다. 법인세법은 이러한 회사의 장부를 바탕으로 법에 규정된 "세무조정"을 반영하여 법인세과세를 할 소득 계산을 합니다. 재무제표상의 이익과 법인세법상의 이익이 항상 동일하면 "세무조정" 자체가 필요 없겠지만 두 개념이 비슷하여도 완전히 같지 않아서 추가적인 "세무조정"이 발생하는 것입니다. 두 개의 필요 목적이 다르니 결과도 다를 수밖에 없습니다. 회계의 재무제표 소득은 정보이용자에게 유용한 정보를 주기 위하여 만들어진 반면에, 법인세법의 이익은 법인세를 과세하기 위하여 만들어졌기 때문입니다. 따라서 법인세법의 "세무조정"은 회계의 이익을 기초로 수익 또는 비용에서 조정을 하게 되어 있습니다. 즉 회계를 배울 때 회사의 정보이용자 측면에서 분석하여 봤다면 법인세도 만든 취지와 어떻게 하면 합리적인 과세를 할 수 있을지를 토대로 공부하면 좋습니다. 이렇게 회계이익을 법인세 이익으로 바꾸는 절차를 "세무조정"이라 일컫습니다. 먼저 용어에서 회계는 수익, 비용이라 부르지만 법인세법에서는 익금(수익), 손금(비용)이라는 용어를 사용합니다. 만약 회계의 수익, 비용과 법인세법의 익금, 손금이 동일하다면 회계의 당기순이익을 소득으로 보아 법인세를 과세하면 과세는 종결됩니다. 하지만 회계의 이익과 법인세법상 이익이 다른 것은 어쩔 수 없는 이유가 있습니다. 법인세법도 당연히 처음에는 지금처럼 복잡하지 않고 간단하고 기본적인 "세무조정"만 있었습니다. 초창기 기본적인 세무조정만 있었을 때는 법인세를 제대로 납부하지 않으려고 법을 악용하여 조세회피를 하는 경우가 많았습니다. 그에 따라 법인세법도 진화하였습니다. 예를 들어 법인의 비용 중 가장 기본적인 비용인 접대비를 보겠습니다.

> - 기업회계상 접대비란 사업상의 필요로 지출한 접대비용 또는 교제비용을 이야기함.
> - 세무상 접대비라 함은 접대비 및 교제비, 사례금 기타명목 여하에 불구하고 이에 유사한 성질의 비용으로서 법인의 업무와 관련하여 지출한 금액을 말하는 것임.
> 법인이 사업을 위하여 지출한 비용 가운데 상대방이 사업에 관련 있는 자들이고 접대 등의 행위에 의하여 사업관계자들과의 사이에 친목을 두텁게 하여 거래관계의 원활한 진행을 도모할 목적으로 지출하는 비용을 말함(대법원92누16249 판결, 1993.9.14 선고).

접대비의 장점은 법인의 접대비 지출이 증가하면서 회사의 매출도 늘어날 수 있다는 점입니다. 다만 접대비 지출은 소비성 지출이라 회사의 재무상태가 악화될 수 있다는 단점도 있습니다. 혹시 모를 과한 접대비 사용으로 회사의 재정악화를 야기한다면 이해관계자들이 피해 입을 수도 있기에 이러한 소비성 경비인 접대비에 대하여 세법에서는 한도규정을 두어 규제하는 법을 만들었습니다. 결국 법인세법의 발전은 사회가 올바르게 성장하도록 법인의 행동을 유도하고자 하는 정책의 목적이 다수 반영되었습니다. 따라서 회계와 법인세법은 개설된 목적부터 다른 것을 고려하면 뿌리부터 다를 수밖에 없습니다. 이러한 법인세법의 목적 등을 기초로 살펴보면 법인세법의 과세 흐름을 좀 더 쉽게 이해할 수 있을 것입니다. 법인세법은 정책목적으로 법인에게 특정 경제활동을 유도하기도 한다고 앞에서 서술하였습니다. 예를 들면 정부가 법인에게 어떠한 행위를 장려하기 위하여서는 해당 행위에 대하여 세금을 줄여주는 방식이 있을 수 있습니다. 반대로 행위를 제한하기 위하여서는 세금을 오히려 더 부과하는 방식이 있을 수 있습니다. 대표적으로 세금을 줄여주는 방식으로는 세무조정의 손금산입, 소득공제, 세액공제의 방법으로 이루어집니다. 그리고 세금을 더 부과하는 방식으로는 세무조정의 익금산입, 가산세, 과태료의 방법으로 대부분 이루어집니다. 여기서는 세무조정의 개념에 대하여 조금 더 설명하여 드리도록 하겠습니다. 회계에서 비용이 아닌 항목을 법인세법에서 비용으로 계상하여 줄 때 사용하는 조정이 손금산입 세무조정입니다. 그 반대의 개념이 손금불산입 세무조정입니다. 동일한 논리로 회계에서 수익이 아닌 항목을 법인세법에서서 수익으로 계상하여 줄 때 사용하는 조정이 익금산입의 세무조정입니다. 그 반대의 개념이 익금불산입 세무조정입니다.

현재 법인세법에서는 네 가지 세무조정 항목 중에서 손금불산입 항목 비중이 가장 큽니다. 손금불산입 계정은 회계의 비용을 부인하여 과세할 법인세를 증대시켜 주는 효과가 있으며, 접대비를 규제하는 것과 같이 어떠한 행위를 제한할 때 많이 사용됩니다. 법인사업자는 법인세의 납세의무자로서 직접 법인세를 신고하고 납부하여야 할 의무가 있습니다. 앞에서 볼 수 있듯이 법인세를 신고하기 위하여서는 회사 장부를 기초로 시작하는 세무조정이 필수 과정입니다. 따라서 세무조정의 결과가 법인세의 증감에 어떠한 영향을 미칠 수 있는지 알아보는 것도 중요합니다. 이를 위하여 법인세 과세대상 소득인 각사업연도 소득 금액과 법인세 납부세액을 계산하는 방법을 보도록 하겠습니다.

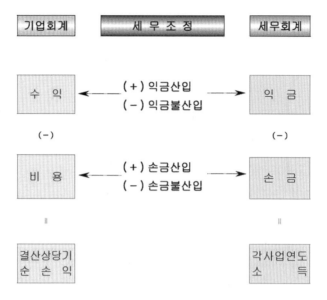

법인세 세무조정을 시작하기 위하여서는 먼저 복식부기로 회계의 당기순이익을 계산하여야 합니다. 그리고 당기순이익에서 각사업연도 소득 금액을 계산하기 위하여 세무조정을 합니다. 세무조정에는 총 네 가지가 있는데 크게 두 가지로 분류하여 볼 수 있습니다. 우선 당기순 이익보다 각사업연도소득 금액이 커지게 하는 가산조정인 익금산입과 손금불산입 조정이 있고, 반대로 당기순이익보다 각사업연도소득 금 액을 작게 만드는 차감조정인 손금산입과 익금불산입 조정이 있습니 다. 이렇듯 세무조정으로 인하여 회계 당기순이익과 법인세법 각사업 연도소득 금액은 상이하게 됩니다. 이렇게 산출된 각사업연도소득 금 액에서 이월결손금을 차감하게 됩니다.

　　　　　　　　　　　　　　한 권으로 끝내는 절세 노하우

### 이월결손금

사업자가 기록한 장부에 세무조정(익금산입, 손금산입, 익금불산입, 손금불산입)을 반영하여 각사업연도소득 금액을 계산할 때, 필요경비가 총 수입금액을 초과하면 각사업연도소득 금액이 음수(-)가 나옵니다. 이때 음수(-)의 금액을 결손금이라 부릅니다.

이월결손금은 해당 결손금이 발생한 과세기간의 종료일로부터 10년 이내에 끝나는 과세기간의 소득 금액을 계산할 때, 먼저 발생한 과세기간의 이월결손금부터 순차적으로 공제하도록 되어 있습니다.

| 구분 | 이월결손금 공제순서 |
|---|---|
| 부동산임대업 외의 사업소득 이월결손금 | 사업소득 금액(부동산임대업 포함)→근로소득 금액→연금소득 금액→기타소득 금액→이자소득 금액→배당소득 금액순으로 이월결손금 공제 |
| 부동산임대업 사업소득 이월결손금 | 부동산임대업 소득 금액에서만 공제 |

| 구분 | 기장소득 | 추계소득 |
|---|---|---|
| 당기 결손금 | 공제가능 | 공제가능 |
| 이월결손금 | 이월공제가능 | 이월공제불가 |

결손금이란 사업자가 기록한 장부에 세무조정(익금산입, 손금산입, 익금불산입, 손금불산입)을 반영하여 각사업연도소득 금액을 계산할 때, 필요경비가 총 수입금액을 초과하여 각사업연도소득 금액이 음수(-)가 나오는 경우를 말합니다. 법인세법에서 세금계산은 1년마다 하도록 되어 있습니다. 따라서 전기에 결손이 발생하고 당기에 이익이 발생하여 세금을 납부하게 된다면 전기에 결손이 났는데 인위적으로 1년마다 세금 계산을 하는 법인세법으로 인하여 세금을 당기에 세금을 납부하는 부당한 결과가 발생할 수 있습니다. 예를 들어 2017년 결손금이

1억 원 발생하고, 2018년에 이익이 1억 원 발생하였다고 가정하여 보겠습니다. 분명 지금까지 사업한 2017년, 2018년 동안 총계로 보면 회사가 번 이익은 전혀 없습니다. 그러나 1년마다 계산하는 법인세법 규정 때문에 2018년에 2천만 원의 세금을 납부하게 됩니다. 회사는 번 이익이 없는데 세금을 납부하는 황당한 상황이 발생할 수 있습니다. 따라서 이러한 상황을 보완하고자 나온 방안이 이월결손금입니다. 이익이 나면 세금을 납부하는 것은 당연하지만 국가의 편의에 맞추어 1년마다 과세를 함으로 인하여 납세자가 얻는 불이익은 없어야 하기 때문입니다. 따라서 이월결손금이란제도를 통하여 결손금을 10년 동안 이월하여 미래 발생하는 이익에서 상계할 수 있도록 보완책을 마련하여 두었습니다. 그리고 이렇게 계산된 각사업연도소득 금액에서 이월결손금과 비과세소득 금액이나 소득공제를 차감하여서 산출된 금액이 과세표준입니다. 비과세소득 금액이나 소득공제는 비중이 작아서 별도로 언급하지 않겠습니다. 산출된 과세표준은 산출세액을 계산하기 위한 기초 자료로 사용됩니다. 과세표준에 세율을 곱하면 산출세액이 계산됩니다. 법인세법의 세율구조는 누진세율입니다. 누진세율이란 소득이 클수록 더 높은 세율을 적용받는 방식입니다. 응능부담원칙과 수직적공평성에 부합하는 세율구조입니다.

　　　　　　　한 권으로 끝내는 절세 노하우

## 2019년 현재 법인세율

| 과세표준 | 법인세율 |
|---|---|
| 2억 원 이하 | 10% |
| 2억 원 초과~200억 원 이하 | 20% |
| 200억 원 초과~3,000억 원 이하 | 22% |
| 3,000억 원 초과 | 25% |

이제 과세표준에 법인세율을 곱하여 산출세액이 계산되었다면, 산출세액에서 세액공제 및 감면 그리고 중간예납과 같은 기납부세액(먼저 납부한 세액)을 차감하여 최종 납부할 세금을 계산하면 됩니다. 세액공제란 산출된 산출세액과 관계없이 일정하게 발생된 사유의 금액을 기준으로 산출세액에서 공제하는 방법입니다. 주로 고용창출투자세액공제, 연구인력개발비세액공제, 전자신고세액공제, 지급조서전자제출세액공제, 사회보험료세액공제, 근로소득증대세액공제 등이 있으며 일반적으로 5년간 이월공제가 가능합니다. 그리고 세액감면은 산출세액을 기준으로 특정 사유에 따라 발생된 일정 비율을 산출세액에서 감액하는 방법입니다. 주로 중소기업특별세액감면, 창업중소기업세액감면, 지방이전세액감면, 창업중소벤처기업세액감면 등이 있으며 세액공제와 다르게 이월공제는 불가능합니다. 아래 표에서 법인세 계산구조를 다시 한 번 보도록 하겠습니다.

## 법인세 계산 구조

| 법인세 계산 | 금액 | 법인세율 |
|---|---|---|
| 당기순이익 | 2억 원 | 손익계산서의 당기순이익에서 시작 |
| (+) 세무조정 | 2천만 원 | 익금산입/손금불산입 세무조정 발생 |
| (-) 세무조정 | 2천만 원 | 손금산입/익금불산입 세무조정 발생 |
| (-) 이월결손금 | 2억 원 | 과거에 발생한 이월결손금 당기 공제 |
| 과세표준 | 1억 8천만 원 | 여기까지가 소득 금액 |
| (×) 세율 | 10% | 과세표준이 2억 원 이하로 10% 세율 |
| 산출세액 | 1천 8백만 원 | 이제부터는 세액으로 계산 |
| (-) 세액공제·감면 | 1백만 원 | 조세특례로 1백만 원의 세액을 절감 |
| (-) 기납부세액 | 1백만 원 | 중간예납/이자원천징수로 미리 납부 |
| 납부할 세액 | 1천 6백만 원 | 법인세 신고와 함께 납부할 잔액 |

　여기서부터는 법인세에서 실무적으로 가장 유용하면서 가장 많이 쓰이는 접대비에 대하여 살펴보도록 하겠습니다. 접대비의 대표적 예는 경조사비, 거래처 회식비, 파견 직원에게 지급한 복리후생비 등이 있습니다. 접대비 예들은 법인이 기업 활동을 하다 보면 충분히 발생할 수 있는 내용들이지만 국가에서는 한도 등에 규정을 두어 소비성 경비인 접대비의 지출을 줄이려고 합니다. 접대비의 한도를 초과한 접대비 지출은 손금불산입 세무조정을 통하여 납부할 법인세를 증가시키게 됩니다. 현재 접대비 한도는 기본적으로 1년 기준 중소기업은 2,400만 원, 그 외 기업은 1,200만 원을 가지고 있습니다. 그리고 당해 매출액에 따라 추가로 한도를 늘려주는 방식입니다.

## 접대비 한도 계산식

| 접대비 한도액(①+②) |
| --- |
| ① 일반접대비 한도액=㉠+㉡ |
| ㉠ 기본한도: 1,200만 원(조세특례제한법상 중소기업은 2,400만 원)×사업연도월수/12 |
| ㉡ 수입금액 한도: 일반수입금액(기업회계상 매출액에서 특정수입금액을 차감한 수입금액)×적용률+특정수입금액(특수관계인과의 거래에서 발생한 수입금액)×적용률×10% |
| ② 문화접대비 한도액=Min(문화접대비, 일반접대비한도액×20%) |

| 수입금액 | 적용률 |
| --- | --- |
| 100억 원 이하 | 0.2% |
| 100억 원 초과 500억 원 이하 | 2천만 원 +100억 원 초과하는 금액에 0.1% |
| 500억 원 초과 | 6천만 원+500억 원 초과하는 금액에 0.03% |

법인세법에서는 접대비 금액을 산정하기까지 관문을 세 단계로 만들어 두었습니다. 우선 가장 기본적으로 접대비의 정의에 부합하는지를 판단하여야 합니다. 접대비의 정의에 부합하는지를 판단한다는 의미는 회사의 장부에는 접대비 계정이 아니지만 실제 성격이 접대비인 경우에는 법인세법에서는 접대비로 본다는 의미입니다. 그리고 이렇게 모인 접대비들은 정당하게 지출된 접대비 금액이 맞는지 즉, 실체성이 인정되는지를 신용카드, 세금계산서, 현금영수증 등의 적격증빙으로 검토하게 됩니다. 접대성 경비는 건당 1만 원이 초과할 경우 적격증빙이 없다면 바로 손금불산입 세무조정 되어 납부할 법인세액을 높이게 됩니다. 마지막으로 취합된 접대비에서 적격증빙까지 확인된 접대비들은 접대비 한도초과 규정에 따라 초과분에 대하여서는 한 번 더 손금불산입 세무조정이 되게 됩니다.

## 접대비

접대비란 접대비 및 교제비, 사례금, 그 밖에 어떠한 명목이든 상관없이 이와 유사한 성질의 비용으로서 법인이 업무와 관련하여 지출한 금액을 말합니다.

## 접대비 요건

접대비는 앞서 언급한 적이 있지만, 한 번 더 설명하여 보자면 아래의 요건을 충족하여야 합니다.

### ① 지출 상대방

접대비를 지출하는 상대방은 기본전제로 '업무와 관련된 자'여야 합니다. 업무와 관련된 자임을 판단하는 것은 실무적으로는 애매한 경우가 많습니다. 이론상으로는 업무와 관련된 자는 회사 영업의 목적달성을 위하여 지출한 것들을 의미하기는 하나, 정말 접대행위가 건별로 영리사업과 일대일 매치가 되는지는 판단하기 어렵기 때문입니다. 실무적으로 매출처, 매입처와 같이 외관상 드러나는 거래처에 지출한 금액을 접대비로 봅니다. 그 외의 지출은 일반 비용 또는 기부금, 복리후생비 등으로 처리하는 경우가 많습니다. 다만 추후 사후검증 및 세무검증이 발생한다면 기부금, 복리후생비 등으로 처리한 비용이 접대비로 의심을 받는다면 회사는 접대활동이 아님을 증명하여야 합니다.

### ② 업무 관련성

지출된 돈이 업무 관련성이 있어야 합니다. 일반적으로 법인이 사업을 위하여 지출한 비용 가운데 상대방이 사업과 관련 있는 자들이고 지출의 목적이 접대 등의 행위에 의하여 사업관계자들과의 사이에 친목을 두텁게 하여 거래관계의 원활한 진행을 도모하는 데 있다면 접대비에 해당한다고 보아야 합니다(대법92누16429, 1993.9.14.).

---

## 접대비 vs 기부금

### 접대비와 기부금의 구분 기준

접대비는 거래 상대방에게 무상으로 지출한 금액이라는 점에서 기부금과 비슷한 성격을 가집니다. 그러나 사업 관련성이 있다면 접대비로 구분할 수 있고, 사업 관련성이 없다면 기부금으로 구분합니다. 즉, 업무 관련성이 있으면 접대비, 업무 관련성이 없다면 기부금으로 보는 것입니다(법인세법 기본통칙24-0-1). 그리고 국가, 지방자치단체, 정당, 비영리단체 등 지출한 금품 등도 법인의 특정 업무와 직접 관련된 경우를 제외하고는 일반적으로 기부금으로 보는 것이 맞습니다.

### 접대비와 기부금의 구분 기준

- 기부금 예시
  ① 법인이 자회사 CEO로 영입하는 자에게 회사의 주식을 무상으로 제공한 경우 주식 증여 당시 업무 관련 및 특수 관계가 없으므로 비지정기부금에 해당함(법인46012-1707,2000.8.8.).
  자회사의 CEO가 될 사람에게 주식 증여를 한 것은 업무 관련성이 없으므로 기부금으로 보는 것입니다.
  ② 특수관계가 없는 비거주자에게 지급하는 수출알선수수료 중 상거래 관행에 따른 통상의 알선수수료를 초과하는 금액은 수출알선행위와 직접 관련 없

이 무상으로 지급한 비지정기부금에 해당함(국총46017-554,1999.8.16.).

③ 서울올림픽기념 국민체육진흥공단이 시내버스 외부광고를 국민체육진흥광고로 전환하면서 광고 수익금 중 일부를 전국 자동차 노동조합연맹에 근로자복지장학금으로 지급하기로 한 조정에 기하여 지급한 금액은 광고사업과 직접 관계가 있다고 할 수 없을 뿐만 아니라 무상으로 지출한 것으로 수익에 대응하는 비용으로도 볼 수 없음(대법원97누11386판결, 1998.6.12.선고).

기부금을 판단할 때는 위 대법원 판례에서 볼 수 있듯이 수익에 대응하는 지출인지 여부를 확인하면 더 쉽게 판단할 수 있습니다.

- 접대비 예시

① 의약품을 판매하는 법인이 국립대학교 의과대학 부속병원에 의약품을 납품하기 위하여 당해 병원에 병원 신축자금을 기증하는 경우 동 금액은 접대비에 해당(법인46012-251, 1999.1.20.). 의약품을 납품하기 위한다는 업무 관련성으로 인하여 접대비에 해당합니다.

② 천재지변으로 생긴 이재민 중 당해 법인의 거래처에 한정하여 금품을 기증하거나 차등하여 추가 지급한 구호금품은 접대비에 해당. 이재민에게 지출한 것이라 기부금으로 볼 수 있지만, 법인의 거래처에 한정하여 지급하였으므로 접대비로 봄이 더 타당합니다.

### 접대비와 기부금의 비교

접대비: 매출액의 일정 비율을 초과하지 않는다면 기본적으로 손금인정이 가능합니다(이월공제불가).

기부금: 법정기부금, 지정기부금과 같은 공적으로 확인된 업체에 지출한 금액에 대하여서만 손금인정이 가능합니다(이월공제 가능).

## 접대비 vs 광고선전비

### 광고선전비

광고선전비란 불특정 다수인에게 지출하여 구매의욕을 높이기 위한 비용입니다.

### 접대비와 광고선전비의 차이

접대비는 특정 상대방을 기준으로 지출하지만, 광고선전비는 불특정다수에 대한 지출이라는 점이 가장 큰 차이점입니다. 그리고 실무적으로는 실제 해당 지출이 불특정 다수인지 또는 특정인지에 따라 접대비와 광고선전비를 구분하는 경우도 많이 있습니다. 접대비의 경우 매출액의 일정 비율로 계산한 일정한 한도액의 범위 내에서만 비용인정이 됩니다. 그러나 광고선전비는 지출한 전액이 모두 비용인정이 됩니다.

### 접대비와 광고선전비의 구분 예시

- 광고선전비 예시
  ① 지하철 승차권의 광고 문안 비용(법인46012-2253, 1993.7.29.)
    불특정 다수인에게 판매되는 지하철 승차권에 광고 문안을 게재하는 조건으로 대신 지급하는 지하철 승차권 제작비용은 광고선전비에 해당합니다.
  ② 불특정다수인에 대한 퀴즈 경품(법인46012-2885, 1997.11.7.)
    일간신문에 상품광고와 함께 퀴즈문제를 게재하고 퀴즈당첨자에게 제공하는 경품이 사회통념 등에 비추어 정상적인 금액이면 광고선전비에 해당합니다.

- 접대비 예시
  ① 특정 거래처에 지급한 견본품(국심2000서824, 2000.10.4.)
    법인이 대리점 등에 무상으로 제공한 견본품이 일반인에 대한 광고선전목적의 비매품으로 제조되는 순수 견본품과 달리 판매 가능한 정품으로서 대리점의 이익을 보장하기 위하여 지급되었고 동 물품을 불특정 다수인에게 무상으로 배포한 사실이 없으므로 광고선전비가 아닌 접대비에 해당합니다.
  ② 학습지 구독회원을 대상으로 한 음악회(국심98서313, 1999.2.23.)
    학습지 구독자를 위한 음악회 등 행사비 지출액의 경우 불특정 다수인을 상대로 지출하는 광고선전비로 인정하기는 어렵고 회원과의 친목을 도모하고 거래관계를 원활하게 하기 위한 행사비로서 접대비에 해당합니다.
  ③ 특정 병원에 많은 양의 의료용 소모품 제공(법인46012-2253, 1993.7.29.)
    특정한 병원에 사회통념상 단순한 견본품으로 보기 어려운 수량의 의료용 소모품을 무상으로 제공하는 것은 접대비에 해당합니다.

# 접대비 vs 판매부대비용

### 접대비와 판매부대비용의 차이

접대비는 장래의 수익실현 및 원만한 거래관계를 위하여 지출하는 비용을 말합니다. 접대비의 특징은 수익비용대응의 원칙에 따라 수익이 발생할 때 비용 발생이 대응되지는 않는다는 것입니다. 또한 접대비 지출 효과가 일대일 대응이 되지 않는 것처럼 그 효과도 쉽게 계량화하기에는 무리가 있습니다.

판매부대비용은 상품 등 판매와 관련하여 고객에게 지출되는 경비입니다. 그 지출되는 형식 자체는 접대비와 유사하여 보일 수 있는데 수익비용대응의 원칙에 대부분 부합하며, 비용의 지출이 수익의 실현에 결정적으로 기여하거나 지출의무가 있는 경우의 지출을 이야기합니다.

### 판매부대비용의 범위

법인세법에서는 건전한 사회통념과 상관행에 비추어 정상적인 거래로 인정될만한 범위 내의 금액으로서 기업회계기준에 따라 계상한 판매부대비용은 손금으로 인정하고 있습니다.

법인세법 집행기준에서는 이러한 판매부대비용의 범위를 예시하고 있는데 다음과 같습니다.

> 법인세법 집행기준 19-19…3【판매부대비용의 범위】
> 규칙 제10조의 판매부대비용의 범위를 예시하면 다음 각호와 같다(2001. 11. 1. 개정).
> 01. 사전약정에 따라 협회에 지급하는 판매수수료
> 02. 수탁자와의 거래에 있어서 실제로 지급하는 비용
> 03. 관광사업 및 여행알선업을 영위하는 법인이 고객에게 통상 무료로 증정하는 수건, 모자, 쇼핑백 등이 가액
> 04. 용역대가에 포함되어 있는 범위 내에서 자가시설의 이용자에게 동 시설의 이용 시에 부수하여 제공하는 음료 등의 가액
> 05. 일정액 이상의 자기상품 매입자에게 자기출판물인 월간지를 일정 기간 무료로 증정하는 경우의 동 월간지의 가액 상당액
> 06. 판매촉진을 위하여 경품부 판매를 실시하는 경우 경품으로 제공하는 제품 또는 상품 등의 가액
> 07. 기타 1호 내지 6호와 유사한 성질이 있는 금액

### 접대비와 판매부대비용의 구분 방법

- 매출에누리 또는 매출할인

일정 기간의 거래 수량이나 거래금액에 따라 매출액을 감액하는 매출에누리 및 매출 대금을 약정된 기일 전에 회수함으로써 일정한 금액을 할인하여 주는 매출할인의 경우에는 특정거래처에 한하여 임의로 할인하여 주거나, 사전약정 또는 할인 기준 등을 초과하여 할인하는 금액은 접대비로 판단합니다.

● 특정가입요건이 있는 모임에 대한 지출
가입조건이 제한된 특정 고객을 구성원으로 하는 모임의 회원에 한하여 지급하는 금액 및 동 모임의 기금으로 지출되는 금액은 접대비에 해당합니다(법인 46012-772, 2000.3.23.).

　다음으로는 회사의 사업 활동 중에 발생하는 다양한 종류의 비용 가운데 가장 큰 비율을 차지하는 '인건비'에 대하여서 알아보도록 하겠습니다. 인건비는 회사에서 회사활동에 대한 대가로 지급함으로써 비용처리를 하는 것이고, 인건비를 받는 임직원들은 생계를 꾸릴 수 있는 기회가 됩니다. 그렇다면 법인세법에서는 인건비에 대하여 어떠한 관점으로 바라보고 있는지 보겠습니다. 현실 상황을 반영하여 법인세법에서는 회사가 임직원에게 지급하는 인건비를 높이기 위하여 세액공제 등으로 그 지급을 장려하고 있습니다. 그러나 과도한 인건비 지급으로 인하여 회사의 재무구조가 악화되어 이해관계자들에게 피해가 가는 것 또한 방지하여야 하기 때문에 정당하지 않은 과도한 인건비 지급에 대하여서는 규제하는 규정을 두고 있습니다. 그리고 기본적으로 법인세법에서는 임원에 대한 인건비인지, 직원에 대한 인건비인지에 따라 보는 관점을 다르게 취하고 있습니다. 관점이 다른 이유는 회사의 영향력을 행사할 수 있는 특수 관계가 있는 임원 같은 경우에는 평사원인 직원에 비하여 지급액이 적정하지 않을 가능성이 농후하기 때문입니다. 법인세법에서도 이를 고려하여 회사와의 관계를 보고 특정인에 대한 인건비의 금액이 과다하다면 이를 비용으로 인정하지 않는 규정을 두고 있습니다. 그리고 인건비도 크게 세 종류로 분류할 수 있습니다. 정기적인 성격인 급여와 비정기적인 성격인 상여 그리고 퇴직할 때 지급받는 퇴직금이 그 세 종류입니다. 임원, 직원에게 지급하는 인건비의 종류별 법인세법제한 규정을 간단히 표로 정리하면 아래와 같습니다.

| 항목 | 급여(정기적) | 상여(비정기적) | 퇴직급여(퇴직 시) |
|---|---|---|---|
| 임원 | 세법상 제한 없음 | 제재 있음 | 제재 있음 |
| 직원 | 세법상 제한 없음 | 세법상 제한 없음 | 세법상 제한 없음 |

먼저 직원에게 지급하는 인건비에는 대부분 제한이 없습니다. 그러나 만약 직원이 지배주주이거나 대주주인 회사의 아들이라든지 이런 특수한 경우에는 제한이 있습니다. 따라서 법인세법에서는 이러한 직원에게는 동일직급에 있는 다른 직원과 차이가 없이 지급하도록 규정하고 있습니다. 따라서 특수한 경우를 제외하고는 직원에 대하여서는 별다른 제재가 없다고 봐도 무방합니다. 물론 임원도 회사 내규 정관 등에 따라 또는 세법에 규정에 따라 인건비를 지급하면 문제 소지가 없습니다. 그러나 회사를 운영하다 보면 당연히 회사에 큰 영향력을 행사할 수 있는 자들은 더 많은 소득을 가져가고 싶어 합니다. 그러한 욕구로 인하여 세무 이슈가 발생하는 것입니다. 따라서 임원에 대한 인건비 등에 대하여서는 세무 전문가와 상담하여 회사 내규 등을 결정하는 것이 좋습니다.

다음으로는 감가상각에 대하여 보도록 하겠습니다. 회사는 회사의 사업 활동을 위하여 고정자산(유형자산, 무형자산) 취득이 수반됩니다. 그리고 고정자산의 취득은 대부분 사용할 수 있는 기간은 무한적이 아닌 한정적입니다. 고정자산의 가치가 감소되거나 마침내 가치가 없어지는 와중에 회사는 고정자산을 사업 활동에 사용합니다. 예를 들어 회사가 5년 동안 사용할 수 있는 기계장치를 샀다고 가정하여 보겠습니다. 회사는 5년 동안 구매한 기계장치로 사업 활동을 하여 매출을 발생시킬 것입니다. 다시 말하여 회사는 5년 동안 자산을 소비시키면서 매출을 발생시킨다고 볼 수 있습니다. 그렇다면 자산의 소비는 이러한 경제적 효익을 얻는 기간에 맞추어 비용 처리하는 것이 합리적일 것입니다. 수익비용대응의 원칙에 의거하여 회사의 매출이 발생하는 기간에 따라 자산도 나누어서 비용처리 하는 것이 올바를 것입니다. 세법에서는 이러한 사용할 수 있는 기간을 예상하여 감가상각을 통하여 수익비용대응의 원칙을 따르고 있습니다. 앞에서 언급한 사용할 수 있을 것으로 예상되는 기간을 "내용연수"라고 칭합니다. 자산의 소비가 일정하게 이루어지면 정액법으로 감가상각하면 됩니다. 그리고 초반에 자산의 소비가 많이 이루어지면 정률법으로 감가상각하면 됩니다. 기본적으로 법인세법상 손금의 귀속 시기는 권리의무확정주의를 따릅니다. 만약 법인세법에서 감가상각방법이나 내용연수에 따른 명문규정이 없다면 회사는 감가상각방법이나 내용연수를 임의로 조정하여 고의로 납부할 세금을 조작할 수 있습니다. 그래서 법인세법에서는 자산별로 감가상각방법이나 내용연수를 명문화하였습니다. 1년마다 결산을 통하여 법인세를 납부하는데, 임의로 납부할 세금을 조작하는 것을 방지하기 위함입니다.

마지막으로 회사가 소유하고 있는 자산 중 회사의 임원이나 특수관계인이 개인적인 목적으로 사용할 수 있는 자산에는 어떤 것이 있는지 보겠습니다. 대표적으로 회사가 보유하고 있는 부동산이나 차량은 사적으로 사용이 가능할 것입니다. 물론 회사가 보유한 자산을 임원 등이 사적으로 사용한다면 해당 비용은 법인세법에서 말하는 손금(비용)으로 인정되지 않아야 할 것입니다. 이러한 사적인 비용을 법인세법에서는 업무무관비용으로 정하고 세무조정을 통하여 비용처리를 손금불산입하도록 규정하고 있습니다. 하지만 차량 같은 자산은 임원이 개인적으로 사용하여도 밝혀내기가 쉽지 않습니다. 반대로 회사의 주택 같은 경우에는 개인적인 사택으로 사용할 경우 전입신고나 우편물 등으로 사적으로 사용하였는지 여부를 밝혀낼 수 있을 것입니다. 그래서 이러한 차량의 사적 사용을 제재하고자 2016년도부터 법인세법과 소득세법에서 업무용 승용차 관련 비용의 손금불산입 규정을 신설하였습니다. 그렇지만 해당 규정도 사적으로 사용한 차량에 대하여서는 완전하게 밝혀내지는 못하는 실정입니다. 업무용 승용차에 대한 제재를 요약하면 아래와 같습니다.

---

**업무용 승용차 이슈 정리**
- 업무용 인정 범위
- 직무와 관련된 수행을 위한 사용
- 거래처 방문
- 직원 복리 후생 위한 사용
- 출퇴근 시
(ex. 제조 공장, 판매 매장 등 방문, 회의 참석, 거래처 접대, 미팅, 직원 경조사 참석 등)

---

- 업무용 승용차 비용인정 한도
- 업무전용 자동차 보험 가입한 경우

  운행일지 미작성 시 → 1,000만 원까지 비용인정

  운행일지 작성 시 → 승용차 관련 비용(감가상각비, 리스료, 유류비, 수선, 통행료 등)에 업무사용비율만큼 추가 인정
- 업무전용 자동차보험 미가입 시

  운행일지 작성 여부와 관계없이 비용인정 되지 않음

  ∴ 업무전용 자동차보험에 반드시 가입!(리스, 렌트 차량 포함)
- 업무 외 사용금액 처리
- 해당 비율만큼 보험 가입자의 상여로 처리되어 소득세 및 4대보험이 증가됨
- 업무용 승용차 감가상각비
- 최대 800만 원까지 인정
- 2016년 1월 1일 이후 신규 취득 차량은 내용 연수 5년간 강제상각
- 리스 차량의 경우 보험료, 자동차세, 수선유지비 제외한 금액이 감가상각비 한도

PART
3

# 실용적인
# 세금 상식
# 및 절세팁

# 세금 폭탄 맞은 사례들

    권리금에 대한 세무처리를 하지 않아 세금 폭탄을 맞은 예를 보도록 하겠습니다. 종합소득세신고 기간이 되면 납부하여야 하는 세금 때문에 세무대리인과 사업자 사이에 이상기류는 어쩔 수 없이 발생합니다. 제 거래처 중 어떤 사장님은 장사를 시작하면 매출이 절정일 때 권리금을 크게 받고 파는 분이 계셨습니다. 그런데 그 사장님은 사업장을 한두 개가 아닌 여러 개를 보유하신 분이셨습니다. 따라서 종합소득세 신고 시 여러 개의 소득이 합산되어 종합소득세가 많이 부과되는 상황이었습니다. 그래서 사장님께 세금이 왜 많이 나오는지 종합과세에 대하여 설명을 하여 드렸습니다. 그런데 사장님은 남는 게 없어 세금을 납부할 수 없다고 하셨습니다. 사실관계를 정확히 파악하여 보니 사장님 장사방식이 적당한 권리금을 내고 들어간 후, 매출을 끌어올려 절정일 때 큰 권리금을 받고 나와 시세 차익을 보는 것이었습니다. 그래서 아직 지급한 권리금에 대하여 미지급금도 아직 남아 있고, 현재 세금을 납부할 여력이 없다고 하셨습니다. 그래서 그럼 권리금 지급 시 어떻게 세무처리를 하셨는지 여쭈어 보았습니다. 그런데 놀랍게도 사장님은 큰 권리금을 주면서도 세무처리는 일체 하지 않았다고 말씀하셨습니다.

상담을 다녀 보면 이러한 사정을 가진 사장님들을 많이 만날 수 있습니다. 창업은 보통 두 가지 방법으로 이루어집니다. 하나는 권리금 없이 그냥 사업을 시작하는 경우와 권리금을 지급 후 인수하여 사업을 시작할 수도 있습니다. 권리금이란 영업의 노하우, 상권, 단골 고객 등을 매입하는 것이라 볼 수 있습니다. 그런데 많은 분들이 권리금을 주고받을 때 이에 대한 세무 처리를 놓치는 경우가 많습니다. 대부분 사장님들이 권리금 지급 시 아무런 조치를 취하지 않으시거나, 취하시더라도 대부분이 계약서와 입금증만으로 대비를 하고 계십니다. 알아 두실 내용은 입금증만 있다고 비용처리가 가능한 것은 절대 아닙니다. 세법의 기본 구조는 한 곳에서 비용이 발생하면 다른 한 곳에서는 수익이 발생하게 되어 있습니다. 따라서 우리가 권리금으로 비용을 계상하려면 상대방은 권리금으로 인한 수익을 계상하여야 합니다. 지금부터 권리금 지급 시 세무처리에 대하여 보도록 하겠습니다. 우선 권리금을 받고 사업을 양도하는 자는 원칙적으로 권리금에 대한 세금계산서를 발행하여야 합니다. 따라서 양도자는 권리금에 대한 세금계산서를 발행하고 폐업을 하였을 경우 폐업한 날이 속하는 달의 말일부터 25일 이내에 부가세 폐업신고를 하면 됩니다.

그러나 예외적으로 포괄양도양수인 경우에는 세금계산서 발행을 하지 않아도 됩니다. 물론 권리금에 대하여서도 추가적으로 세금계산서를 주고받을 필요는 없습니다. 다만, 일반양도건 포괄양도건 권리금에 대하여서는 둘 다 동일하게 '기타소득'으로 권리금을 지급하는 자가 8.8%(2019년 기준)를 원천징수하고 지급일이 속하는 달의 다음 달 10일까지 '원천징수이행상황신고서' 제출을 통하여 징수한 8.8%(2019년 기준)의 금액을 세무서에 납부하여야 합니다. 이때 권리금 양도로 인하여 기타소득이 계상된 양도자는 타 소득이 있을 경우 합산하여서 5월에 종합소득세를 신고·납부하면 됩니다. 일반적으로 권리금에 대한 것은 한 번에 비용 처리되는 것이 아니고 5년 동안 정액법으로 동일하게 비용처리가 가능합니다. 예를 들어 권리금을 2억 원 지급하였다면 양수자는 2억 원을 5년 동안 4천만 원씩 비용처리를 할 수 있습니다. 그리고 양도자는 2억 원에 대하여 60% 필요경비를 인정받아 기타소득 금액 8천만 원에 대하여 종합소득세 신고를 5월에 진행하여야 합니다. 다시 말하여 권리금에 대한 비용처리를 하기 위하여서는 일반적인 양도양수의 경우에는 세금계산서와 원천세 신고를 하여야 하며, 포괄양도양수인 경우에는 원천세 신고를 통하여 비용처리가 가능합니다. 위예의 사장님은 권리금을 비용처리 하셨다면 세금을 납부하지 않아도 되셨을 텐데 정말 안타까웠습니다. 그렇지만 국세청은 이러한 사정을 고려하여 주지 않습니다. 따라서 큰 금액에 대한 거래가 발생하면 세무 전문가와 상담하는 것이 무엇보다 중요합니다.

다음은 실무적으로 중요한 퇴직금과 관련한 일화입니다. 요새 기사를 보면 퇴직금 지급을 고용주가 하지 않았다거나, 퇴직금을 받지 않기로 각서를 썼는데도 퇴직금을 꼭 지급하여야 하는지 등 이슈를 많이 볼 수 있습니다. 하루는 업체 사장님을 찾아뵈었는데 하소연을 하셨습니다. 고용노동부에서 연락이 왔다는 것이었습니다. 직원과 사장님은 합의를 보았습니다. 퇴직금을 받지 않는 대신 월 급여를 조금 더 주는 것으로 말입니다. 그리고 추가적으로 4대보험에 대한 부담감도 있다며 직원은 사장님께 인건비 신고를 하지 말아 달라고 하였습니다. 사장님은 마음이 약하여서 직원의 말대로 인건비 1년 치를 포기하며, 세금 납부를 더 하며 직원을 돌보아 왔습니다. 그런데 직원이 퇴사하면서 갑자기 퇴직금을 요구하는 것이었습니다. 퇴직금을 지급하지 않으면 고용노동부에 신고를 한다는 내용이었습니다. 사장님은 퇴직금을 지급하지 않기로 한 계약서와 자필서명도 있으므로 퇴직금을 지급하지 않았습니다. 그런데 고용노동부에서 연락이 오더니 퇴직금을 지급하라는 판결을 받았다는 것이었습니다. 결론만 보면 퇴직금을 받지 않기로 계약서를 작성하였다고 하여도 퇴직금을 무조건 지급을 하여야 합니다. 사장님들은 겉만 보시는 경우가 많습니다. 예를 들어 우리나라 세율 구조는 누진세율 구조입니다. 수직적 공평성을 위하여 많이 번 사람은 세금을 많이 내야 된다는 주의입니다. 표면적으로 4대보험을 조금 아끼려고 인건비 신고를 하지 않게 되면 1년 치 인건비를 누락함으로 인하여 훨씬 더 많은 세금을 부담하게 되는 것을 알아야 합니다. 그러나 현실적으로는 4대보험 신고를 정직하게 하여서 4대보험 납부를 하게 되면 요식업 같은 업종은 특히 직원 뽑기가 어렵다고 합니다. 간혹 그 결과 사장님들은 근무를 하지 않은 사람의 인적사항으로 비용처리를 하면 되지 않느냐고 하십니다. 그런데 그러한 행위는 사후적으로 사후검증이나 세무조사 등으로 연결될 수 있기에 큰 부담이 따릅니다. 요약하면 위 사례처럼 월급에 포함시켜 퇴직금을 주기로 합의하고 계약서까지 작성하였다고 하더라도 결국 퇴직금 대신 매월 더 많이 지급된 급여는 상여금으로 간주되어 오히려 이 상여로 퇴직금이 늘어나는 결과가 발생합니다. 사례의 당사자 사장님은 고용노동부에 과태료 500

만 원과 많은 퇴직금을 퇴사한 직원에게 지급하게 되었습니다. 따라서 세무상 애매한 상황이 발생하면 전문가에게 조언을 구하는 것을 추천하여 드립니다.

한 권으로 끝내는 절세 노하우

# 절세팁- 근로소득자, 금융소득자, 연금소득자

위의 파트에서 소개한 사례처럼 세금 폭탄을 맞지 않기 위하여 여기서부터는 근로소득이 있는 거주자(이하 '근로소득자'라 칭함) 및 금융소득자, 연금소득자의 절세 노하우를 차례로 보도록 하겠습니다. 먼저 근로소득자입니다.

근로소득자는 사업소득자에 비하여 소득 포착이 용이하여 거의 모든 소득이 과세된다고 봐도 무방합니다. 그렇기에 세법에서는 근로소득자와 사업소득자의 과세 형평성을 위하여 근로소득자에게 추가로 소득공제 및 세액공제 등 다양한 혜택을 두고 있습니다. 이하에서는 근로소득자들의 공제 혜택들에 대하여서 알아보도록 하겠습니다.

## 연말정산 공제항목 요약

| 항목 | 구분 | 공제금액·한도 | 공제요건 | | |
|---|---|---|---|---|---|
| 인적 공제 | 기본공제 | 1명당 150만 원 | 구분 | 소득요건 | 나이요건 |
| | | | 본인 | × | × |
| | | | 배우자 | ○ | × |
| | | | 직계존속 | ○ | 만 60세 이상 |
| | | | 형제자매 | ○ | 만 20세 이하 |
| | | | 직계비속 | ○ | 만 60세 이상 |
| | | | (입양자 포함) | ○ | 만 20세 이하 |
| | | | 위탁아동 | ○ | 만 18세 미만 |
| | | | 수급자 등 | ○ | × |
| | | | * 연간소득 금액 합계액 100만 원 이하(근로소득만 있는 자는 총급여액 500만 원 이하) ** 장애인의 경우 나이요건 적용하지 않음 | | |
| | 추가 공제 | 경로 우대 | 1명당 100만 원 | 기본공제대상자 중 만 70세 이상 | |
| | | 장애인 | 1명당 200만 원 | 기본공제대상자 중 장애인 | |
| | | 부녀자 | 50만 원 | 근로소득 금액이 3천만 원 이하인 근로자가 다음 어느 하나에 해당하는 경우 · 배우자가 있는 여성 근로자 · 기본공제대상자가 있는 여성 근로자로서 세대주 | |
| | | 한부모 | 100만 원 | 배우자가 없는 자로서 기본공제대상인 직계비속 또는 입양자가 있는 경우(부녀자 공제와 중복적용 배제) | |

| 항목 | 구분 | 공제금액·한도 | 공제요건 |
|---|---|---|---|
| 연금보험료 공제 | | 전액 | 근로자 본인의 국민연금보험료, 공무원연금법 등(공적연금관련법)에 따라 부담한 부담금·기여금 |
| 특별<br>소득<br>공제 | 보험료 | 건강<br>보험료 | 전액 | 근로자 본인의 건강보험료 |
| | | 노인<br>장기<br>요양<br>보험료 | 전액 | 근로자 본인의 노인장기요양보험료 |
| | | 고용<br>보험료 | 전액 | 근로자 본인의 고용보험료 |
| | 주택<br>자금 | 주택임차<br>차입금<br>원리금<br>상환액 등 | 원리금<br>상환액의<br>40%<br>(연 300만 원<br>한도)<br><br>※ 주택마련<br>저축 불입액<br>공제와 합하여<br>연 300만 원<br>한도 | 무주택세대의 세대주(세대주가 주택 관련 공제를 받지 않은 경우 세대원도 가능)인 근로자가 국민주택규모의 주택(주거용 오피스텔 포함)을 임차하기 위하여 금융회사 등으로부터 차입한 차입금의 원리금상환액 |
| | | | | 무주택세대의 세대주(세대주가 주택 관련 공제를 받지 않은 경우 세대원도 가능)로서 총급여 5천만 원 이하인 근로소득자가 국민주택규모의 주택(주거용 오피스텔 포함)을 임차하기 위하여 대부업을 경영하지 아니하는 개인으로부터 연 1,000분의 18보다 낮은 이자율로 차입한 자금이 아닌 차입금의 원리금상환액 |
| | | 장기<br>주택<br>저당<br>차입금<br>이자<br>상환액<br>공제 | 이자상환액<br>(연 300만 원<br>~1,800만 원<br>한도)<br><br>* 주택자금<br>공제,<br>장기주택<br>저당차입금,<br>주택마련저축<br>을 합하여<br>종합한도<br>적용 | 무주택세대의 세대주가(세대주가 주택 관련 공제를 받지 않은 경우 세대원도 가능) 주택*(취득 당시 기준시가 4억 원 이하)을 취득하기 위하여 당해 주택에 저당권을 설정하고 금융기관 등으로부터 차입한 장기주택저당차입금의 이자상환액<br>* 2014년 이후 차입금부터 국민주택규모 기준 삭제<br>- 소유권 이전·보존등기일로부터 3개월 이내에 차입<br>- 채무자와 저당권 설정된 주택의 소유자가 동일인일 것<br>※ 공제한도<br>- 2015.1.1. 이후 차입분 |

| 항목 | 구분 | 공제금액·한도 | 공제요건 |
|---|---|---|---|
| | | | 15년 이상 상환, 비거치식이고 고정금리: 1,800만 원<br>15년 이상 상환, 비거치식 또는 고정금리: 1,500만 원<br>15년 이상 상환, 기타: 500만 원<br>10년 이상 상환, 비거치식 또는 고정금리: 300만 원<br>- 2012.1.1. 이후 차입분: 500만 원(비거치식·고정금리 대출: 1,500만 원)<br>- 2011.12.31. 이전 차입분: 1,000만 원(상환기간 30년 이상: 1,500만 원)<br>- 2003.12.31 이전 차입분(상환기간 10년 이상): 연 600만 원(상환기간 15년 이상: 1,000만 원, 상환기간 30년 이상: 1,500만 원) |
| | 개인연금저축<br>소득공제 | 연 72만 원<br>한도 | 개인연금저축 불입액의 40% 공제<br>※ 180만 원 불입 시 연 72만 원 공제 |
| | 소기업·소상공인<br>공제부금 소득공제 | 500, 300,<br>200만 원<br>한도 | 소기업·소상공인에 해당하는 대표자(총급여액 7천만 원 이하)의 노란우산공제 불입액 공제 |
| 그<br>밖의<br>소득<br>공제 | 주택마련<br>저축공제 | 연 300만 원<br>한도 | 주택마련저축* 불입액의 40% 공제<br>- 무주택세대의 세대주로 총급여액 7천만 원 이하자<br>* 2014년까지 가입자 중 총급여액 7천만 원 초과자는 종전한도로 2017년까지 공제 가능<br>- 국민주택규모의 주택(가입 당시 기준시가 3억 원 이하)을 한 채만 소유한 세대의 세대주(2009.12.31. 이전 가입만 해당)<br>* 주택마련저축<br>- 주택법에 의한 청약저축(연 납입액 240만 원 이하)<br>- 주택청약종합저축(연 납입액 240만 원 이하)<br>- 근로자주택마련저축(월 납입액 15만 원 이하)<br>※ 장기주택마련저축 소득공제 적용기한(2012.12.31.) 만료 |

| 항목 | 구분 | 공제금액·한도 | 공제요건 |
|---|---|---|---|
| 그 밖의 소득 공제 | 투자조합출자 등 소득공제 | 출자 또는 투자금액의 10% [100%*·70% **·30% (2018년 이후): 벤처조합·벤처기업 출자] <br><br> * 3,000만원 이하 <br><br> ** 5,000만원 이하 | 중소기업창업투자조합, 벤처기업 등에 투자 시 출자 또는 투자 후 2년이 되는 날이 속하는 과세연도까지 선택하여 1과세연도에 공제 <br><br> ※ 공제한도 <br><br> <table><tr><td>구분</td><td>공제한도</td></tr><tr><td>2015년 이후 투자</td><td>종합소득 금액의 50%</td></tr></table> |
| | 신용카드 등 소득공제 | (신용카드 등 사용금액 -총급여액 25%) ×15% (30, 40%) | - 15% 공제대상 사용금액<br>· 신용카드 사용금액<br>- 30% 공제대상 사용금액<br>· 현금영수증 기재금액<br>· 직불카드(체크카드), 직불전자지급수단·기명식선불전자지급수단 또는 기명식전자화폐 사용금액<br>· 총급여 7천만 원 이하자의 도서공연비<br>- 40% 공제대상 사용금액<br>· 전통시장 사용분(카드, 현금영수증)<br>· 대중교통 이용분(카드, 현금영수증)<br>-본인, 배우자 및 생계를 같이 하는 직계존비속(소득 금액은 제한받으나, 나이제한 없음)<br>-300만 원(총급여 7천만 원 초과자 250만 원, 1억 2천만 원 초과자 200만 원)과 총급여 20% 중 적은 금액 한도<br>다만, 전통시장 사용분, 대중교통 이용분, 도서공연비 사용분은 각각 100만 원까지 추가 공제(최대 600만 원) |
| | 우리사주조합 출연금소득공제 | 연 400만 원 (벤처 1,500만 원) 한도 | 우리사주조합원이 우리사주를 취득하기 위하여 우리사주조합에 출연한 금액 |

| 항목 | 구분 | 공제금액·한도 | 공제요건 |
|---|---|---|---|
| 그 밖의 소득 공제 | 고용유지중소기업 근로자 소득공제 | 임금삭감액의 50% (공제한도 : 1천만 원) | 고용유지 중소기업에 근로를 제공하는 상시 근로자에 대하여 근로소득에서 공제 (직전 과세연도의 해당 근로자 연간 임금총액 - 해당 과세연도의 해당 근로자 연간 임금총액) × 50% |
| | 장기집합투자증권 저축 소득공제 | 저축납입액의 40% (연 240만 원 한도) | 2015.12.31.까지 가입한 경우 가입일로부터 10년간 장기 집합투자증권저축에 납입한 금액(해당 과세기간 총급여 8천만 원 이하 근로자) |
| | 소득세 소득공제 종합한도 초과액 | 2,500만 원 한도 | 특별소득공제 및 그 밖의 소득공제 중 종합한도 적용대상 소득공제액이 2,500만 원 초과 시 과세표준에 합산 - 적용대상: 주택자금공제, 주택마련저축, 소기업·소상공인 공제부금, 투자조합출자 등(2015년 이후 벤처기업 직접투자분 제외), 신용카드 등 사용금액, 우리사주조합 출연금, 장기집합투자증권저축 |
| 세액 감면 | 중소기업 취업자 세액감면 | 취업일부터 3년간 근로소득세 70% 감면. 단, 청년은 5년간 90% 감면 | 근로계약 체결일 현재 연령이 15세 이상 34세 이하(병역 근무기간 제외: 한도 6년)인 사람, 60세 이상인 사람, 장애인, 경력단절여성이 중소기업에 2012.1.1.(60세 이상인 사람 또는 장애인의 경우 2014.1.1., 경력단절여성은 2017.1.1.)~2021.12.31.까지 취업(경력단절여성은 동일 중소기업에 재취업)하는 경우 그 중소기업체에서 받는 급여에 대한 근로소득세를 세액감면(연 150만 원 한도) ※ 병역 이행 후 1년 이내에 복직하는 경우: 복직한 날로부터 2년, 복직한 날이 최초 취업일로부터 5년이 지나지 않은 경우 최초 취업일부터 7년까지 감면 적용 |
| 세액 공제 | 근로소득 세액공제 | 연 50만 원 (66만 원, 74만 원) 한도 | <table><tr><td>산출세액</td><td>공제금액</td></tr><tr><td>130만 원 이하</td><td>55%</td></tr><tr><td>130만 원 초과</td><td>71만 5천 원+130만 원 초과금액의 30%</td></tr></table> <공제한도> · 총급여액이 3,300만 원 이하: 74만 원 · 총급여액이 3,300만 원 초과 7천만 원 이하: 74만 원 - [(총급여액 - 3,300만원)× 0.008] → 66만 원보다 적은 경우 66만 원 |

한 권으로 끝내는 절세 노하우

| 항목 | 구분 | | 공제금액·한도 | 공제요건 |
|---|---|---|---|---|
| | | | | · 총급여액이 7천만 원 초과: 66만 원 - [(총급여액 - 7천만 원)×1/2] → 50만 원보다 적은 경우 50만 원 |
| 자녀세액공제 | 기본공제대상자녀 | | - | 1명 15만 원, 2명 30만 원, 3명 이상 = 30만 원 + 2명 초과 1명당 30만 원 |
| | 출산·입양 | | - | 첫째 30만 원, 둘째 50만 원, 셋째 이상 70만 원 |
| 연금계좌세액공제 | 과학기술인 | | 연금계좌 납입액 (연 700만 원 한도) × 12% (총급여 5,500만 원 이하는 15%) | 과학기술인공제회법에 따른 퇴직연금 근로자 납입액 |
| | 퇴직연금 | | | 근로자퇴직급여보장법에 따른 DC형 퇴직연금·개인형퇴직연금(IRP) 근로자 납입액 |
| | 연금저축 | | | 연금저축계좌 근로자 납입액(총급여 1억 2,000만 원 이하 400만 원, 초과자 300만 원 한도) |
| 특별세액공제 | 보장성보험료 | | 보험료 납입액(100만 원 한도) × 12% | 근로자가 기본공제대상자를 피보험자로 지출한 보장성보험의 보험료 - 임차보증금 3억 원 이하의 반환보증 보험 포함 |
| | 장애인전용보장성보험료 | | 보험료 납입액(100만 원 한도) × 15% | 근로자가 기본공제대상자인 장애인을 피보험자로 지출한 장애인전용보장성보험의 보험료 |
| | 의료비 | ㉮ 본인 | 의료비 공제대상금액 × 15% (난임시술비 20%) | 총급여액 3%를 초과하는 경우 공제 가능 - 공제 가능 의료비 · 진찰, 치료 등을 위한 의료기관 지출 비용(미용·성형수술비용 제외) · 치료요양을 위한 의약품 구입 비용(건강증진 의약품 제외) · 장애인보장구 구입·임차비용 · 시력교정용안경(콘택트렌즈) 구입 비용(1인당 연 50만 원 이내 금액) · 보청기 구입 비용 · 장기요양급여비 본인 일부 부담금 - 의료비 공제금액 계산 |
| | | ㉯ 65세 이상, 장애인 | | |
| | | ㉰ 건강보험산정특례(재)등록자 | | |
| | | ㉱ 난임시술비 | | |

| 항목 | 구분 | | | 공제금액·한도 | 공제요건 |
|---|---|---|---|---|---|
| 특별세액공제 | 교육비 | ㉺ 그 외 부양가족 | | | <table><tr><td>구분</td><td>의료비 공제금액</td></tr><tr><td>㉺<총급여액 3%</td><td>(㉮+㉯+㉰+㉱)−(총급여액 3%−㉺)</td></tr><tr><td>㉺>=총급여액 3%</td><td>(㉮+㉯+㉰+㉱)+적은금액[(㉺−총급여액 3%), 700만 원]</td></tr></table> ※ ㉯, ㉰, ㉱, ㉺: 나이·소득 금액 제한 없으나 생계를 같이하는 부양가족에 해당되어야 함 |
| | | 취학 전 아동 | | 교육비 공제대상 금액 × 15% | 나이제한을 받지 않음 (직계존속은 공제대상 아님) | 보육료, 학원비·체육시설 수강료, 유치원비, 방과후수업료(특별활동비·도서구입비 포함, 재료비 제외), 급식비 |
| | | 초등학생, 중·고생 | | | | 교육비, 학교급식비, 교과서대, 방과후학교 수강료(도서구입비 포함, 재료비 제외), 국외교육비, 교복구입비(중·고생 50만 원), 현장체험학습비(30만 원 이내) |
| | | 대학생 | | | | 교육비, 국외교육비(국외유학요건 폐지) |
| | | 근로자 본인 | | 본인, 장애인: 한도 없음 | | 교육기관 교육비, 대학·대학원 1학기 이상의 교육과정과 시간제 과정 교육비, 직업능력개발훈련 수강료, 학자금대출 원리금 상환액 |
| | | 장애인 특수 교육비 | | | | 사회복지시설 등에 기본공제대상자인 장애인*의 재활교육을 위하여 지급하는 비용

* 이 경우 소득 금액 제한 없으며, 직계존속도 공제 가능 |
| | 기부금 | 정치자금기부금 | 10만 원 이하 | 기부금의 100/110 | 정당, 후원회, 선거관리위원회에 기부한 금액(근로자 본인의 정치자금기부금만 공제 가능)
- 공제 한도 : 소득 금액의 100% |

| 항목 | 구분 | 공제금액·한도 | 공제요건 |
|---|---|---|---|
| 기부금 | 정치자금 기부금 10만 원 초과 | · 3천만 원 이하: 기부금의 15%<br>· 3천만 원 초과: 기부금의 25% | 정당, 후원회, 선거관리위원회에 기부한 금액(근로자 본인의 정치자금기부금만 공제 가능)<br>- 공제 한도 : 소득 금액의 100% |
| | 법정 기부금 | · 2천만 원 이하: 기부금의 15% | 국가 등에 지출한 기부금 |
| | 우리사주조합 기부금 | | 우리사주조합원이 아닌 근로자가 우리사주조합에 기부하는 기부금 |
| | 지정 기부금 (종교단체 외) | · 2천만 원 초과: 기부금의 30%<br>- 공제한도<br>· 법정기부금: 근로소득 금액의 100% | 사회복지·문화 등 공익성을 고려한 지정기부금 단체 중 비종교단체에 지출한 기부금 |
| | 지정 기부금 (종교단체) | · 우리사주조합기부금: 근로소득 금액의 30%<br>· 지정(종교단체 외): 근로소득 금액의 30%<br>· 지정(종교단체): 근로소득 금액의 10% | 종교의 보급, 그 밖의 교화를 목적으로 민법에 따라 문화체육부장관 또는 지방자치단체의 장의 허가를 받아 설립한 비영리법인(그 소속 단체를 포함)에 기부한 기부금 |
| 표준세액공제 | | 연 13만 원 | 근로자가 특별소득공제, 특별세액공제, 월세액세액공제를 신청하지 아니한 경우 적용<br>- 정치자금기부금, 우리사주조합기부금은 중복적용 가능 |
| 납세조합공제 | | 납세조합 원천징수 세액의 10% | 원천징수 제외대상 근로소득자가 납세조합에 가입하여 매월분의 급여를 원천징수하는 경우 원천징수세액의 10% 세액공제 |
| 주택차입금 이자상환액 세액공제 | | 이자 상환액의 30% | 1995.11.1.~1997.12.31. 기간 중 미분양주택의 취득과 관련하여 1995.11.1. 이후 국민주택기금 등으로부터 차입한 대출금 이자상환액을 세액공제 |
| 외국납부 세액공제 | | 외국납부 세액 | 거주자의 근로소득 금액에 국외원천소득이 |

| 항목 | 구분 | 공제금액·한도 | 공제요건 |
|------|------|-------------|----------|
|  |  |  | 합산되어 있는 국외원천소득에 대하여 외국에서 납부한 세액이 있는 경우 세액공제<br><br>-세액공제한도<br><br>근로소득 산출세액 × $\dfrac{\text{국외근로소득 금액}}{\text{근로소득 금액}}$<br><br>· 한도 초과 시 이월하여 세액공제 가능 |
| 월세액 세액공제 |  | 월세액 지급액 (750만 원 한도)의 10% (총급여 5,500만 원 이하 12%) | 무주택 세대의 세대주(세대주가 주택 관련 공제를 받지 않은 경우 세대원도 가능)로서 총급여 7천만 원 이하인 근로소득자가 국민주택규모의 주택(주거용 오피스텔, 고시원 포함)을 임차하기 위하여 지급하는 월세액<br>- 2017년부터 기본공제대상자가 계약한 경우 포함<br>- 임대차계약서상 주소지와 주민등록 등본의 주소지가 같을 것<br>- 2014년부터 '확정일자' 받을 요건 삭제 |

우선 보험료 소득공제[건강보험료 · 고용보험료 · 노인장기요양보험료 근로자 부담액(한도 없음)] 대상인 보험료를 매월 30만 원씩 그리고 연금저축계좌납입액[Min(연금저축계좌 납입액, 연 400만 원(또는 300만 원[*1])×12%(또는 15%[*2]))]을 매월 35만 원씩 납부하는 근로자의 경우, 보장성보험료납입액이 100만 원에 미달하면 미달하는 만큼을 반드시 추가로 납입하여야 유리합니다(보험료세액공제는 연 100만 원 한도로 장애인전용보장성보험료는 15%, 일반보장성보험료로 12% 세액공제가 가능합니다). 예를 들어 연봉이 6,000만 원인 사람이 연간 국민건강보험료 100만 원과 자동차보험료 50만 원만 보험료로 납부하고 있다면, 새로 연금저축을 매월 35만 원씩 납입하고 월 5만 원의 생명보험에 가입함으로 연말에 모두 552,000원[(4,000,000원[*3]+600,000원[*4])×12%]의 세액을 추가로 공제

받을 수 있으며, 지방소득세를 포함하면 607,200원[5]이 절세됩니다. 또한 총 급여 7,000만 원 이하인 무주택세대주(배우자나 부양가족이 없는 단독 세대주를 포함하여 세대주가 월세세액공제 및 주택자금공제를 받지 않은 경우 세대원도 가능함)인 근로자라면 월세지출액(연간 750만 원 한도)의 10%를 세액공제 받을 수 있으며, 전세자금대출상환액의 40%를 소득공제 받을 수 있다는 점도 간과하여서는 안 됩니다. 단, 이 경우 임차주택은 국민주택규모(85m²)를 초과할 경우에는 불가능합니다.

- [1] 해당 과세기간에 종합소득과세표준을 계산할 때 합산하는 종합소득 금액이 1억 원 초과(근로소득만 있는 경우에는 총급여액이 1억 2천만 원 초과)인 거주자에 대하여서는 300만 원
- [2] 해당 과세기간에 종합소득과세표준을 계산할 때 합산하는 종합소득 금액이 4,000만 원 이하(근로소득만 있는 경우에는 총급여액 5,500만 원 이하)인 거주자에 대하여서는 15%
- [3] 연금저축 매월 35만 원×12=420만 원 Min(420만 원, 400만 원)=4,000,000원
- [4] 생명보험 매월 5만 원×12=60만 원 Min(60만 원, 100만 원)=600,000원
- [5] 552,000원+552,000원×10%=607,200원(참고로 지방소득세는 국세의 10%)

그리고 항목별 특별소득공제(보험료소득공제, 주택자금소득공제) 및 특별세액공제(보험료, 의료비, 교육비, 기부금세액공제) 공제대상합계액이 적은 경우에는 항목별 공제 대신 표준세액공제(연 13만 원)를 적용받는 것이 낫습니다.

**TIP** 특별세액공제(보험료, 의료비, 교육비, 기부금)와 소득공제(주택임차·장기 주택저당 차입금, 건강·고용보험료), 월세 세액공제 합산액이 13만 원 이하라면 표준세액공제를 선택하고, 13만 원 이상이라면 특별세액공제를 선택하는 게 유리합니다. <택 1>

특히 미혼이나 자녀가 없는 젊은 사람들일 경우 의료비나 교육비 지출이 없어 특별공제액이 건강보험료 외에는 없는 경우가 많은데, 이럴 경우에는 표준세액공제 13만 원을 공제받는 것이 더 유리합니다. 단, 표준세액공제는 본인이 신청해야 하므로 연말정산 시 건강보험료를 비롯하여서 모든 특별소득공제와 특별세액공제를 적용 신청하지 않아야 합니다.

### 주택자금 소득공제

부동산 가격이 많이 내렸을 때 은행에서 돈을 빌려서 주택을 구입하면 그에 따른 대출금 이자상환액을 모두 소득 공제받을 수 있습니다. 다만, 취득한 주택의 규모(m²)는 상관없으나 취득 당시 기준시가가 4억 원을 초과하는 경우에는 소득공제를 받을 수 없습니다. 그리고 차입금의 상환기간은 최소 10년 이상이어야 하며, 상환 방법 및 이자 지급방법에 따라 공제 한도가 300만 원에서 1,800만 원까지 다양하여집니다.

### 공제 한도

| 구분 | 공제 한도 |
|---|---|
| ① 차입금의 상환기간이 15년 이상인 장기주택저당차입금 | 500만 원 |
| ② 차입금의 상환기간이 15년 이상인 장기주택저당차입금의 이자를 고정금리로 지급하고, 그 차입금을 비거치식 분할상환으로 상환하는 경우 | 1,800만 원 |

| | |
|---|---|
| ③ 차입금의 상환기간이 15년 이상인 장기주택저당차입금의 이자를 고정금리로 지급하거나 그 차입금을 비거치식 분할상환으로 상환하는 경우 | 1,500만 원 |
| ④ 차입금의 상환기간이 10년 이상인 장기주택저당차입금의 이자를 고정금리로 지급하거나 그 차입금을 비거치식 분할상환으로 상환하는 경우 | 300만 원 |

- 고정금리: 5년 이상 단위로 금리를 변경하는 경우
- 비거치식 분할상환: 매년 차입금의 70%를 상환기간 연수로 나눈 금액 이상 상환

## 종합소득세 누진세율

과세표준이 1,200~4,600만 원에 속하는 대부분의 근로소득자들은 소득세 적용세율이 15%입니다. 예를 들어 총 급여가 3천만 원인 A씨가 있다고 가정하여 보겠습니다. 추가로 A씨는 강연료 기타소득이 400만 원이 있다면 A씨는 400만 원 상당액의 기타소득을 종합소득에 합산하여 신고하는 것이 나을지 아니면 분리과세하는 것이 나을지 분석하여 보겠습니다. 분리과세할 경우의 기타소득에 대한 소득세액은 필요경비(80%)를 차감한 후의 기타소득 금액(80만 원)에다 20%의 분리과세 세율을 곱한 160,000원을 납부함으로써 과세가 종결됩니다. 그러나 근로소득에 합산하여 신고할 경우에는 적용되는 세율이 한계세율인 6%이므로(총 급여 3천만 원에 근로소득공제 및 종합소득공제 후 과세표준은 1,000만 원 이하라 가정함) 소득세액은 48,000원(80만 원×6%)만 추가 납부하면 됩니다. 따라서 이 경우에는 분리과세보다 종합과세가 오히려 더 유리한 것입니다. 따라서 무조건 분리과세로 세액 계산을 종료한다고 유리한 것은

아닙니다. 자신의 한계세율을 파악하여 비교하여 보고 선택을 하여야
합니다.

| 과세표준 | 기본세율 | 기본세율(속산표) |
|---|---|---|
| 1,200만 원 이하 | 과세표준의 100분의 6 | 과세표준×6% |
| 1,200만 원 초과 4,600만 원 이하 | 72만 원+(1,200만 원 초과금액의 100분의 15) | (과세표준×15%)-108만 원 |
| 4,600만 원 초과 8,800만 원 이하 | 582만 원+(4,600만 원 초과금액의 100분의 24) | (과세표준×24%)-522만 원 |
| 8,800만 원 초과 1억 5천만 원 이하 | 1,590만 원+(8,800만 원 초과금액의 100분의 35) | (과세표준×35%)-1,490만 원 |
| 1억 5천만 원 초과 5억 원 이하 | 3,760만 원+(1억 5천만 원을 초과하는 금액의 100분의 38) | (과세표준×38%)-1,940만 원 |
| 5억 원 초과 | 1억 7,060만원+(5억 원을 초과하는 금액의 100분의 40) | (과세표준×40%)-2,940만 원 |

## 신용카드 소득공제

근로소득자는 대금 지급 시 가능한 한 신용카드보다 우선적으로 직
불카드 및 체크카드를 사용하는 것이 좋습니다. 근로소득자의 경우에
는 자신 연봉의 25%를 초과하여 신용카드 등을 사용하면 초과사용액
의 대하여 신용카드 소득공제를 받을 수 있습니다. 그러므로 현금보다
는 카드를 사용하는 것이 유리하며, 부득이하게 현금으로 결제하더라
도 반드시 현금영수증을 발급받아 소득공제를 받도록 하여야 합니다.
특히 현금영수증 및 직불카드, 체크카드 그리고 선불카드는 소득공제
율이 15%인 신용카드보다 2배나 많은 30%를 적용받을 수 있으므로
체크카드를 사용하는 것이 좋습니다. 그러나 체크카드는 신용카드와
달리 카드회사에서 큰 혜택을 주지 않습니다. 따라서 연봉의 25%는 신

용카드를 사용하고 그 외 사용분부터 체크카드 등을 사용하는 것을 추천하여 드립니다. 또한 의료비는 카드결제 할 경우 의료비세액공제와 신용카드소득공제가 모두 적용이 가능하므로 반드시 카드결제를 하는 것이 좋습니다. 뿐만 아니라 신용카드 소득공제는 나이제한은 없고 소득제한만 있으므로 본인 외에 소득이 없는 배우자와 직계존비속의 사용액도 모두 포함하여야 합니다.

## 보장성보험료 세액공제

보장성보험료에 대한 세액공제는 근로소득자의 기본공제대상가족을 피보험자로 하여야만 공제받을 수 있습니다. 따라서 소득이 있는 부부가 서로를 피보험자로 계약한 경우에는 보험료세액공제 적용을 받을 수 없습니다. 그러므로 소득이 있는 자식 없는 부부는 보장성보험에 가입할 때 반드시 계약자와 피보험자를 본인들로 일치시켜야 세액공제를 받을 수 있습니다.

## 의료비 세액공제, 교육비세액공제

우선 특별세액공제의 하나인 의료비세액공제는 연령과 소득 금액의 제한이 없습니다. 따라서 근로소득자의 가족인 자녀 또는 배우자 등이 기본공제대상자가 아니더라도 의료비세액공제를 받을 수 있습니다. 즉, 자녀의 연령이 20세 이상이거나 소득 금액이 100만 원을 초과하여 기본공제대상이 아니더라도 모두 의료비세액공제는 적용 가능합니다. 그러나 의료비 세액공제와는 다르게 교육비세액공제는 나이제한은 없지만 소득제한이 있어 소득이 있는 가족에 대한 교육비는 세액공제 받을 수 없습니다.

## 장기주택 저당차입금 이자상환액 소득공제

위에서 살펴본 주택자금소득공제 중 장기주택 저당차입금 이자상환액 소득공제에 대하여 조금 더 보도록 하겠습니다. 장기주택 저당차입금 이자상환액은 연간 최소 300만 원~최대 1,800만 원까지 이자상환액 전액을 공제하여 줍니다. 또한 모든 세대주인 근로자가 공제대상이 됩니다. 그러므로 부양가족이 없더라도 근로소득자로서 사업연도 말을 기준으로 무주택 또는 1주택을 소유한 한 세대주이면 소득공제가 가능합니다. 또한 근로자인 세대주가 주택자금공제를 받지 않은 경우에는 근로소득이 있는 다른 세대원이 공제받을 수 있습니다.

## 퇴직연금계좌 세액공제

다음은 연금계좌세액공제 종류 중 하나인 퇴직연금계좌 납입액 세액공제에 대하여 보겠습니다.

퇴직연금은 본래 회사가 납입하여 주는 것입니다. 그러나 회사가 납입하여 준 것 외에 근로자 본인이 일정 금액을 추가로 납입하면 나중에 퇴직연금액 수령액도 늘어나거니와 해당 금액의 12%(연봉이 5,500만 원 이하인 경우에는 15%)를 세액공제 받을 수 있습니다. 다만, 개인연금저축액을 포함하여서 납입금액 700만 원까지만 세액공제 받을 수 있으므로 연간 400만 원의 연금저축을 납입하고 있는 경우에는 300만 원을 추가 납입하여서 36만 원(또는 45만 원)을 추가로 세액공제 받고, 따로 연금저축을 가입하지 않은 경우에는 700만 원을 추가 납입하여서 84만 원(또는 105만 원)을 세액공제 받으면 됩니다.

다음으로는 금융소득(이자소득 및 배당소득)이 있는 거주자(이하 금융소득자라 칭함)의 절세 노하우를 보도록 하겠습니다.

## 비과세되는 저축 가입

우선 소득세가 별도로 과세되지 않고 이자소득세가 비과세되는 저축에 가입하면 유리합니다. 이자소득세가 비과세되는 저축에 대한 이자는 소득세를 전혀 안 낼 뿐만 아니라 금융소득종합과세에도 포함되지 않기 때문입니다. 다음으로는 세법상 이자소득세가 비과세되는 대표적인 저축상품을 살펴보겠습니다.

---

### 비과세되는 금융상품의 예

● 조합출자금
1인당 1천만 원 한도로 조합 등의 금융 기관에 출자 시에 비과세를 적용받을 수 있습니다. 조합출자금은 농협, 수협, 새마을금고 등 금융기관에서 가능합니다. 그리고 지역 거주자만 가입이 가능하니 신분증을 가지고 방문하셔야 합니다. 현재는 2020년까지 발생한 금융소득에 대하여서 비과세가 되며(농어촌특별세 1.4% 과세), 2021년부터는 5%(농어촌특별세 0.9% 과세) 저율 분리과세를 적용하여 줍니다. 그리고 2022년부터는 9%(농어촌특별세 0.5% 과세) 분리과세가 적용됩니다.

● 조합예탁금
1인당 3천만 원 한도로 20세 이상인 거주자인 경우 가능합니다. 가입할 수 있는 금융기관은 농협, 수협, 신협, 새마을금고 등이 있습니다. 현재는 2020년까지 발생한 금융소득에 대하여서 비과세가 되며(농어촌특별세 1.4% 과세), 2021년부터는 5%(농어촌특별세 0.9% 과세) 저율 분리과세를 적용하여 줍니다. 그리고 2022년부터는 9%(농어촌특별세 0.5% 과세) 분리과세가 적용됩니다.

● 장기저축성보험
계약기간이 10년 이상이면 비과세 혜택이 가능합니다. 다만, 보장성보험은 적

---

용이 불가능하며 저축성보험만 비과세 적용 혜택이 가능합니다. 현재는 월 보험료 150만 원을 한도로 10년 이상 불입하였을 경우에 적용받을 수 있습니다. 다만, 상속형 저축보험은 납입액 1억 원을 한도로 비과세가 적용되며, 종신형 저축보험은 사망 시 계약이 소멸이라는 조건과 연금형태로 종신토록 받아야 비과세 적용이 가능합니다.

● 물가연동국채

만기 이자를 낮게 하여 둔 대신 물가가 상승하면 원금이 상승하는 국채를 말합니다. 일반 채권보다는 이자가 낮지만 물가가 상승할 때에는 원금 상승에 대한 차익을 볼 수 있고, 물가 하락 시는 최소한으로 원금 자체는 보장이 됩니다. 현재는 2014년 12월 31일 이전 발행분에 대하여서만 원금 증가분이 비과세되고 있습니다. 물론 이자 자체는 과세 대상입니다.

● 브라질 국채

한국과 브라질 조세 조약에 따라 한국에서 투자되는 브라질 국채는 비과세되며, 그 한도 또한 없습니다.

● 개인종합자산관리계좌(ISA)

1인당 2천만 원 한도로 200만 원의 이자소득까지는 비과세 적용됩니다. 그리고 초과적인 이자소득이 발생하면 9% 분리과세로 과세가 종결됩니다. 근로소득자와 사업소득자 그리고 농어민만 가입이 가능합니다. 개인종합자산관리계좌는 5년의 의무가입기간과 연 2,000만 원의 납입 의무가 있습니다. 적금 및 채권 그리고 주식 등 대부분의 금융상품을 개인종합자산관리계좌 안에 포함시킬 수 있으며 총 급여가 5,000만 원 이하이거나 종합소득 금액이 3,500만 원 이하인 자는 200만 원이 아닌 400만 원까지 비과세가 적용 가능합니다.

## 금융자산의 명의 분산 1

금융소득종합과세에 대비하여 배우자 및 자녀와 부모님의 명의를 적극적으로 활용하면 절세효과가 있습니다. 우선 증여세 공제액 범위 내에서(증여재산공제[1]) 배우자 또는 자녀의 명의로 예금을 가입합니다.

배우자의 경우에는 6억 원까지, 성년인 자녀의 명의로는 5,000만 원까지 그리고 미성년인 자녀의 명의로는 2,000만 원까지 증여세가 면제되므로 이 금액의 예금이자는 일단 종합과세에서 제외시킬 수 있습니다. 또한 10년 후에는 같은 금액의 범위 내에서 재차 증여가 가능합니다. 금융자산이 많은 경우에는 부모님의 명의로 분산하는 것도 고려하여 보기 바랍니다. 다만, 이 경우 명의자의 예금으로 보아 배우자나 자녀 또는 부모에게 증여세가 과세될 수 있으므로 주의하여야 합니다.

*¹ 증여재산공제

거주자인 수증자가 다음 중 어느 하나에 해당하는 자로부터 증여를 받은 때에는 다음의 구분에 따른 금액을 증여세 과세가액에서 공제합니다. ⇒ 증여재산공제는 증여자별 공제가 아니라 수증자를 기준으로 각 구분별로 공제하며, 10년 주기로 증여재산공제를 적용합니다.

| 증여자 | 공제액 |
|---|---|
| ① 배우자 | 6억 원 |
| ② 직계존속(수증자의 직계존속과 혼인 (사실혼은 제외함) 중인 배우자를 포함함) | 5,000만 원 · 다만, 미성년자가 직계존속으로부터 증여 받는 경우에는 2,000만 원 |
| ③ 직계비속(수증자와 혼인 중인 배우자의 직계비속을 포함함) | 5,000만 원 |
| ④ 그 밖의 친족(위 외에 6촌 이내의 혈족, 4촌 이내의 인척) | 1,000만 원 |

## 금융자산의 명의 분산 2

증여세를 납부하고서라도 가족에게 증여하는 것도 절세 방안입니다. 일정 금액 범위 내에서는 증여세 부담 없이 증여할 수도 있지만 경우에 따라서는 증여세를 내고서라도 종합과세를 피하는 것이 유리한 경우도 있습니다. 그 이유는 증여세는 증여 시에 한 번만 내면 되지만 종합과세는 매년 반복되는 것이므로 전체 기간의 세금을 비교하여 보면 더 유리합니다.

## 금융소득의 수입시기

그리고 금융소득의 수입시기를 이용하여 절세 효과도 가능합니다. 종합소득세의 과세기간은 1년이므로 금융소득이 특정 연도에 한꺼번에 발생하여서 누진세율을 통한 과한 세금을 납부하는 것보다 분산하여서 낮은 세율을 적용받는 것이 유리할 것입니다. 세법상 이자소득의 귀속 시기는 실제 받은 날을 기준으로 함을 원칙으로 합니다. 따라서 특정 연도에 이자소득이 한꺼번에 몰리게 하는 것보다는 최대한 연도별로 분산시키는 것이 절세 방안입니다.

### 이자소득의 수입시기

| 이자소득의 종류 | 수입시기(귀속시기) |
| --- | --- |
| ① 양도 가능한 채권 등의 이자와 할인액 | - 무기명의 경우: 그 지급을 받은 날<br>- 기명의 경우: 약정에 의한 지급일 |
| ② 보통예금·정기예금·적금 또는 부금의 이자 | - 원칙: 실제로 이자를 지급받는 날<br>- 특약에 이하여 원본에 전입된 날<br>- 해약일, 연장일<br>- 과세되는 개인연금저축이자는 중도해약일 또는 연금 외의 형태로 지급받는 날<br>- 정기예금연결정기적금의 해당 정기예금의 이자: 정기예금·정기적금이 해약되거나 정기적금의 저축기간이 만료되는 날 |
| ③ 통지예금의 이자 | - 인출일 |
| ④ 채권 또는 증권의 환매조건부 매매차익 | - 약정에 의하여 해당 채권 또는 증권의 환매수일 또는 환매도일. 다만, 기일 전 환매수일·환매도일 |

한 권으로 끝내는 절세 노하우

| ⑤ 저축성보험의 보험차익 | - 보험금 또는 환급금의 지급일·해지일 |
|---|---|
| ⑥ 직장공제회 초과반환금 | - 약정에 의한 공제회 반환금의 지급일 |
| ⑦ 비영업대금의 이익 | - 약정에 의한 이자 지급일. 다만, 약정이 없거나 약정일 전에 이자를 지급받는 경우 또는 회수불능으로 인하여 총수입금액 계산에서 제외하였던 이자를 지급받는 경우에는 그 이자 지급일 |
| ⑧ 양도 가능한 채권 등의 보유 기간 이자상당액 | - 해당 채권 등의 매도일 또는 이자 등의 지급일 |
| ⑨ 기타 금전사용에 따른 대가의 성격이 있는 이자와 할인액 | - 약정에 의한 상환일(기일 전에 상환 시: 그 상환일) |
| ⑩ 위의 이자소득이 발생하는 재산이 상속되거나 증여되는 경우 | - 상속개시일 또는 증여일 |

## 배당소득의 수입시기

| 배당소득의 종류 | | 수입시기(귀속시기) |
|---|---|---|
| 실지배당 | 무기명주식의 이익이나 배당 | - 지급을 받는 날 |
| | 잉여금의 처분에 의한 배당 | - 잉여금처분 결의일 |
| | 건설이자의 배당 | - 건설이자배당 결의일 |
| | 출자공동사업자의 배당 | - 과세기간 종료일 |
| | 기타 수익분배의 성격이 있는 배당 또는 분배금 | - 그 지급을 받은 날 |
| 의제배당 | 감자, 퇴사·탈퇴로 인한 의제배당 | - 감자결의일, 퇴사·탈퇴일 |
| | 법인의 해산으로 인한 의제배당 | - 잔여재산가액확정일 |
| | 법인의 합병·분할로 인한 의제배당 | - 합병등기일·분할등기일 |
| | 잉여금의 자본전입으로 인한 의제배당 | - 자본전입결의일 |
| 인정배당 | 법인세법에 의하여 처분된 배당 | - 결산확정일 |
| 집합투자기구로부터의 이익 | 집합투자기구로부터의 이익 | - 투자의 이익을 지급받은 날<br>- 특약에 의한 원본전입일<br>- 신탁기간을 연장하는 날 |

### 채권 매매차익

현행 세법에서는 채권 매매차익은 채권유통활성화를 위하여 과세하지 않음을 기억하여 가급적 표면금리가 낮은 채권에 투자하는 것이 좋습니다. 채권의 표면금리가 낮으면 취득가가 낮아 과세되는 이자수익보다 비과세되는 매매차익 부분이 더 크기 때문입니다.

### 금융소득자의 타익신탁

금융소득자의 또 다른 절세 방안인 타익신탁에 대하여 보도록 하겠습니다. 타익신탁이란 신탁재산을 맡긴 위탁자가 신탁의 이익을 수령할 수익자를 다른 사람으로 지정하는 것을 말합니다. 요약하면 A가 자신의 금융재산의 수익자를 B로 지정하게 되면 그 신탁재산에서 발생하는 금융소득은 모두 B 소득으로 귀속되므로 A의 금융소득은 분산되는 효과가 있습니다. 따라서 A의 소득이 종합합산과세 되는 금융소득 외의 다른 소득이 많이 있다면 큰 절세효과를 가져올 수 있습니다. 그러나 신탁이익을 모두 B 증여한 것으로 보므로 증여재산공제를 넘지 않는 한도에서 하는 것이 좋습니다.

### 금융상품의 세후수익률

그리고 금융상품을 선택할 경우에는 세후수익률을 고려하여 판단하여야 합니다. 금융소득종합과세의 대상이 아니라면 세전 이자수익을 극대화할 수 있는 만기지급식이 가장 유리하겠지만 종합과세의 대상이 되면 이 자금액이 일시에 집중됨에 따라 종합과세에 따른 세액이 증가함으로써 세전이익이 아무리 높아도 세후이익으로 비교하여 보았을 때는 오히려 감소할 수도 있다는 점을 간과하여서는 안 됩니다.

한 권으로 끝내는 절세 노하우

## 주식형 수익증권

절세를 위한 투자 방식으로는 주식형 수익증권이나 펀드에 가입하는 것입니다. 주식형 수익증권이나 펀드의 운용수익 중 상장기업과 벤처기업 주식에 투자한 경우 배당을 제외한 매매차익은 비과세 혜택이 있기 때문입니다. 만약 과세되는 운용수익이 많은 경우라면 펀드 운용수익의 귀속 시기가 펀드결산을 통하여 운용수익이 원본에 전입되는 날 또는 실제 환매일인 것을 이용하여 환매시기를 연도별로 분산하는 것도 좋은 절세 방안입니다. 주의할 점은 현행 세법에서 채권형 펀드의 경우에는 수익분배금을 모두 배당소득으로 보아 과세하고 있다는 것입니다.

## 이자소득의 연금소득 전환

금융소득종합과세를 피하기 위하여서 이자소득을 연금소득으로 전환시키는 방안도 있습니다. 우리나라는 금융소득이 2천만 원을 초과하면 종합합산과세 대상입니다. 더군다나 금융소득 외의 사업소득이나 근로소득이 많이 있다면 최고세율인 42%까지 적용받을 수 있는 것입니다. 이런 경우에는 금융자산을 이자소득이 비과세되는 장기저축성 보험으로 예치하고 나중에 연금으로 수령하면 절세방안이 될 수 있습니다. 추가로 살펴보면 연금보험의 일시납입 한도는 인당 1억 원까지 비과세입니다. 따라서 부부간은 총액 일시 납입 2억 원까지는 상속형으로 가입하여 비과세 혜택을 받고, 나머지는 종신형으로 가입하는 것이 유리합니다. 그리고 상속형은 즉시, 종신형은 55세 이후부터 연금 수령을 하거나, 아니면 10년 후에 확정기간 동안 연금으로 수령하도록 하면 금융소득과 관련한 세금 폭탄을 피할 수 있습니다.

## 개인종합자산관리계좌

　개인종합자산관리계좌는 모든 근로자나 사업자가 가입할 수 있는 금융상품입니다. 가입기간은 5년으로 매년 2,000만 원까지 저축할 수 있습니다. 만기나 인출 시에는 계좌의 손익을 모두 통합하여 과세하는데 소득세가 200만 원까지 비과세되며, 초과분에 대하여서도 낮은 세율인 9%로 분리 과세가 적용됩니다. 다만, 총 급여 5,000만 원(종합소득금액 3,500만 원) 이하인 사람은 의무가입기간도 3년으로 단축되고, 250만 원까지 소득세가 비과세 됩니다. 다만, 의무기간인 5년과 3년 내에 해지하면 제재가 있으니 주의하여야 합니다.

　다음으로는 연금소득이 있는 거주자(이하 연금소득자라 칭함)의 절세 노하우를 보도록 하겠습니다.

## 소득패턴 분석 1

　가장 기본적으로는 연금 가입 시 장기적으로 보아 자신의 은퇴 후 소득패턴을 먼저 고려하여 가입하여야 합니다. 개인연금은 세액공제 혜택이 주어지는 대신 나중에 연금을 수령할 때 연금소득세가 과세됩니다. 반대로 공제를 받지 않으면 수령할 때 연금소득세가 과세되지 않습니다. 게다가 국민연금 등 공적연금을 제외한 사적연금소득은 연간 1,200만 원을 초과하면 종합소득에 합산하여 과세됩니다. 따라서 은퇴 후 연금소득 이외의 소득이 많은 사람은 연금소득의 합산과세에 따라 누진세율이 적용되어 세 부담이 가중될 수 있습니다. 이런 경우에는 연금소득의 과세대상이 되는 사적연금소득을 매월 100만 원 이내로 조정하여 분리과세로 과세의무를 종결시키거나, 아예 세액공제가 되지 않는 연금 상품에 가입하여 수령 시에도 연금소득세를 납부하지 않는 것이 유리할 수 있습니다.

### 소득패턴 분석 2

반대로 다른 종합소득이 없거나 소득이 적은 사람은 연금세액공제를 받는 것이 유리합니다. 연금저축의 세액공제에 따른 효과는 12%(또는 15%)로서, 매년 최대 60만 원의 세금을 돌려받을 수 있습니다. 하지만 나중에 연금을 수령할 때 내는 연금소득세는 연금액에 따라 다른데, 매월 연금액이 100만 원이라면 약 1.2% 세율, 200만 원이라면 약 3.7% 정도의 세율을 부담하게 됩니다. 이렇게 실효세율이 낮은 이유는 연금수령액에서 연금소득공제를 차감하는 데다, 연금소득 외의 다른 소득이 없을 경우에는 적용되는 세율이 낮기 때문입니다.

### 비과세 연금보험 1

연금 가입 시 추가적으로 고려할 사항은 비과세연금보험입니다. 비과세연금보험은 일시에 납입하거나 매월 일정 금액을 납입한 후 나중에 연금의 형태로 수령하는 것을 일컫습니다. 이 경우 납입기간 또는 거치기간이 10년 이상이면 장기저축성보험의 보험차익에 대한 비과세가 적용되어 소득세 납부의무가 면제됩니다. 그리고 일시납입의 경우에는 10년이 경과하기 전에 이미 납입한 보험료를 기초로 미리 연금을 수령하더라도 확정형이 아닌 상속형(납입보험료 한도 1억 원)이나 종신형 연금일 경우에는 비과세받을 수 있도록 규정되어 있습니다. 따라서 이런 연금은 세액공제는 안 된다 하더라도 실생활에서는 매우 유용합니다.

## 비과세 연금보험 2

　비과세연금보험에 가입할 때는 각각의 특성을 잘 파악하고 가입하여야 합니다. 앞에서 이야기하였던 것과 같이 10년간 매월 납입하고 10년 이후 연금으로 받는 경우에는 납입금액과 수령방식에 상관없이 이자소득세가 모두 비과세됩니다. 상속형을 제외하고 확정형 및 종신형은 연금지급기간이 끝나면 비록 원금은 모두 소멸된다는 단점이 있지만 은퇴 후 생활을 고려하여 보면 그리 나쁘지만도 않습니다. 자산의 여유가 있는 사업가라면 일시납에 의한 즉시연금을 선호하는데, 이때 확정형으로 하려면 반드시 거치기간을 10년 이상으로 하여야 비과세가 됩니다. 만약 원금을 훼손하지 않기 위하여 상속형으로 가입할 경우에는 납입 한도액인 1억 원을 초과하지 않아야 비과세됩니다. 그리고 인별로 한도액이 1억 원이므로 부부인 경우에는 2억 원까지 비과세된다고 볼 수 있습니다. 다만 상속형은 원금은 훼손하지 않고 이자 등 운용수익을 연금으로 분배하는 것이므로 매월 연금수령액이 적다는 점은 단점입니다. 한편 종신형은 거치기간과 금액에 상관없이 모두 비과세되지만 55세 이후부터 연금수령이 가능합니다. 추가로 종신형은 사망과 동시에 연금재원이 모두 소멸된다는 단점이 있습니다. 그리고 연금수령액의 순위는 일반적으로 ① 확정형 ② 종신형 ③ 상속형 순이 정상입니다. 따라서 자신의 수명과 자녀들의 태도를 고려하여 종합적으로 전문가와 상담하여 볼 것을 추천하여 드립니다.

## 분리과세 vs 종합과세

　연금소득 이외의 다른 종합소득이 없거나 소득이 적다면 분리과세보다 종합과세가 더 유리할 수 있습니다. 세법에 따라 사적연금소득은 연간 1,200만 원 이하인 경우에는 종합소득에 합산신고하지 않고 분리과세로 과세를 종결할 수 있습니다. 그렇지만 연금소득만 있거나 그 외의 종합소득이 적은 경우에는 종합소득세 합산신고를 통하여 연금소득공제 외에도 종합소득공제를 추가로 받을 수 있으므로 더 유리할 수 있습니다. 따라서 이런 경우에는 연금수령 시 원천징수가 되었다 하더라도 종합소득합산신고를 통하여 차액을 환급받는 것이 유리합니다.

- - - - - - - - - - - - - - - - - - - - 03 - - - - - - - - - - - - - - - - - - - -

# 절세팁- 사업소득자, 부동산사업소득자
## (사업소득자들의 기본인 부가가치세 포함)

　여기서부터는 사업소득이 있는 거주자(이하 사업소득자라 칭함)와 부동산사업소득자의 절세 노하우를 차례로 보도록 하겠습니다. 먼저 사업소득자입니다.

### 추계신고 vs 장부기장

　주로 사업소득자의 종합소득세신고 방안은 크게 두 가지로 나눌 수 있습니다. 첫째로는 추계에 의한 종합소득세신고, 두 번째로는 장부기장에 의한 종합소득세신고 방안이 있습니다. 종합소득세신고 시 어떤 방안이 더 절세 효과가 있는지 알아보겠습니다. 이를 비교하기 위하여서는 업종별 경비율을 파악하여 내 업종의 경비율은 얼마나 되는지를 파악하여야 합니다. 그리고 추계에 의한 종합소득세 신고의 업종별 경비율은 수입금액에 따라 기준경비율과 단순경비율로 분류됩니다.

> **기준경비율**
> 기준경비율은 종합소득세신고 방안은 장부를 기록하지 않는 사업자 중 직전년도 수입금액이 아래 기준금액 이상인 사업자가 해당됩니다.

| 업종 분류 | 기준경비율 적용 수입금액 |
|---|---|
| (가) 농업·임업, 어업, 광업, 도매업 및 소매업, 부동산 매매업, 아래 나 및 다에 해당되지 아니하는 업 | 6,000만 원 |
| (나) 제조업, 숙박 및 음식점업, 전기·가스·증기 및 수도사업, 하수·폐기물처리, 원료재생 및 환경복원업, 건설업, 운수업, 출판·영상·방송통신 및 정보 서비스업, 금융 및 보험업, 상품중개업 | 3,600만 원 |
| (다) 부동산임대업, 서비스업(전문, 과학, 기술, 사업시설관리, 사업지원·교육), 보건업 및 사회복지 서비스업, 예술·스포츠 및 여가 관련 서비스업, 협회 및 단체, 수리 및 기타개인 서비스업, 가구 내 고용활동 | 2,400만 원 |

### 단순경비율

장부를 기록하지 않는 사업자 중 직전년도 수입금액이 위 기준금액에 미달하거나 해당 연도 신규사업자가 해당됩니다.

- 소득세법시행령 제143조 제4항에 따라 신규 개업자로 해당 신규개업한 과세기간의 수입금액이 복식부기의무자 기준금액 이상인 사업자는 기준경비율 대상입니다.
- 소득세법시행령 제143조 제7항에 따라 약사, (수)의사, 변호사, 변리사 등 전문직사업자와 현금영수증 미가맹점 등은 직전년도 수입금액 및 신규사업자 여부에 상관없이 기준경비율 대상입니다.

실무상의 추계에 의한 종합소득세신고와 장부기장에 의한 종합소득세 신고의 유불리는 매출액 기준 1억 원 기준으로 판단합니다. 종합소득세신고 시 세무대리 수수료를 보면 추계에 의한 종합소득세신고는 신고 시 한 번만 수수료를 납부하면 됩니다. 다만 장부기장에 의한 종합소득세 신고는 매달 기장료와 종합소득세신고 시 세무조정수수료를 추가로 부담하여야 합니다. 이러한 수수료들과 장부기장을 함으로써 줄일 수 있는 세금을 비교하여서 전문가와 상담하여 결정하는 것이 좋습니다. 그리고 사업 초기에는 대규모 투자 등으로 인하여 결손 즉, 손실이 발생할 확률이 높습니다. 그러한 손실을 결손금이라 칭하는데 결손금은 장부기장을 할 시에만 이월하여 미래의 이익과 상계할 수 있습니다. 그리고 일정 규모 이하의 사업자가 장부를 복식기장으로 하여서 종합소득세 신고를 할 경우 기장세액공제(산출세액의 20%)를 적용하여 줍니다. 따라서 단편적으로 세무대리 수수료가 적다고 추계로 신고를 하기보다는 종합적으로 판단을 하여야 합니다.

## 절세를 위한 차량 구입

다음으로는 사장님들이 궁금해하시는 차량 구입 시 절세 방안에 대하여 보도록 하겠습니다. 세법에서는 차량을 사업용 외의 사적으로 사용하여 비용처리를 하는 것을 방지하기 위하여 운행일지를 작성하지 않으면 1대당 연간 1,000만 원까지만 비용으로 인정하고 있습니다. 1대당 연간 1,000만 원을 초과하여 비용으로 인정받기 위하여서는 운행일지를 작성하여 보관하여야 합니다. 종합소득세신고나 법인세신고 시 제출서류는 아니지만 세무서에서 요청을 하면 제출을 하여야 하므로 보관을 꼭 하고 있어야 합니다. 또한 감가상각비는 정액법으로 연간 800만 원을 한도로 계상할 수 있습니다. 값비싼 승용차의 구입을 하여 감가상각비를 크게 계상하여 세금을 부당하게 감소시키는 것을 방지하기 위함입니다.

## 적격증빙 구비

돈이 지출될 때는 항상 적격증빙을 구비하여야 합니다. 적어도 적격증빙을 구비하지 못한다면 입금증이나 거래명세서 등 영수증을 구비하여야 합니다. 개인사업자들은 세금에 대한 지식이 없어서 돈을 지출할 때 무통장 입금으로 결제를 하면 부가가치세를 제외하여 준다는 말에 현혹하여 적격증빙을 수취하지 못하는 경우가 많습니다. 그렇지만 길게 보면 부가가치세를 부담하더라도 부가가치세를 납부하고 적격증빙을 수취하는 경우가 유리합니다. 세법은 수익비용대응원칙에 의거하여 한쪽에서 비용이 발생하면 다른 한쪽에서는 수익이 발생하는 구조입니다. 따라서 부가가치세를 면제받고 무통장 입금으로 결제를 하였는데 불구하고 입금증이나 거래명세서 등으로 실제 거래를 입증하여 비용처리를 하게 된다면, 거래 상대방은 추후 매출누락 등으로 세무조사 등을 받게 될 수 있습니다. 그리고 사업에서 가장 빈번하게 발생하는 접대비의 경우는 1만 원을 초과하는 금액의 경우는 신용카드, 현금영수증, 세금계산서와 같은 적격증빙이 있어야 비용처리가 가능합니다. 그리고 연간 수입금액이 4,800만 원 이상인 사업자는 접대비를 제외한 건당 3만 원을 초과하는 비용에 대하여서는 적격증빙을 수취하지 못하였다면 2%의 가산세를 내고 비용처리를 인정받을 수는 있습니다.

## 납부기한의 중요성

고지된 세금이 부당하다고 생각되더라도 일단 납부를 하고 경정청구 등의 방법으로 돌려받는 편이 좋습니다. 왜냐하면 부당한 세금이라 생각되어 세금을 납부하지 않고 버틴다면 납부불성실 가산세 및 가산금까지 합쳐서 납부하는 꼴이 발생할 수 있기 때문입니다.

## 감면 규정 혜택

국가에서 사업소득자를 위한 감면 규정들이 여러 있는데 이를 잘 활용하여야 합니다. 주요 감면 규정들을 살펴보면 중소기업 사업자들을 대상으로 중소기업특별세액감면을 최소 5%에서 최대 30%까지 받을 수 있고, 사업자들도 연금저축을 들면 매년 최대 60만 원까지 세액공제를 받을 수 있습니다. 그리고 소기업소상공인 공제를 통하여 당해 연도에 납입한 공제부금 납입액을 500만 원 한도로 전액 사업소득에서 공제받을 수 있습니다. 또한 접대비가 많이 지출되는 경우에는 공연, 음악, 서적 등을 이용한 문화접대비를 사용하여 일반접대비 한도의 20%를 추가로 더 인정받을 수 있다는 점도 활용하면 좋습니다.

## 분할 납부

위에서 잠깐 언급하였듯이 세금은 기한 내에 납부하는 것이 중요한데, 금액이 큰 세금에 대하여서는 물론 분할 납부가 가능합니다. 우선 납부할 세금이 1,000만 원을 초과하여야 분납이 가능합니다. 납부할 세금이 1,000만 원을 초과하고 2,000만 원 이하인 경우는 1,000만 원을 초과하는 금액에 대하여서 분납이 가능합니다. 그리고 납부할 세금이 2,000만 원을 초과하는 경우에는 납부할 세금의 50% 금액을 분할납부하면 됩니다. 물론 양도소득세도 분할납부가 가능하며, 분할납부 신청을 하면 2개월간 분할납부를 할 수 있습니다.

## 중간 예납

그리고 성실사업자를 제외한 일반사업소득자들의 종합소득세 신고 납부기한은 5월 31일, 그리고 중간 예납 납부기한은 8월 31일입니다.

개인사업자는 중간예납에 대하여서는 따로 본 종합소득세와 동일하게 신고, 납부하는 제도가 아닌 전년도 실적 등에 근거하여 세무서에서 고지하는 세금을 납부하면 됩니다. 그러나 당기에 실적이 전년도보다 좋지 않을 경우는 전년도 실적에 따라 세금을 납부하는 것은 불합리합니다. 따라서 당해년도의 1월~6월 상반기 동안의 납부할 세액이 전년도 세액의 30%에 미달하는 경우에는 사업자가 스스로의 신고에 의하여 중간예납을 할 수 있습니다.

## 성실사업자 혜택

사업소득자 중 성실사업자가 가지는 혜택에 대하여 알아보겠습니다. 성실사업자로 인정받으면 일반사업자보다 더 많은 세금혜택을 받을 수 있습니다. 일반적인 사업소득자가 공제받지 못하는 의료비세액공제와 교육비세액공제를 근로소득자와 동일하게 공제받을 수 있으며, 표준세액공제금액도 근로소득자와 동일하게 12만 원을 받을 수 있습니다. 다만, 소득세법에서 정한 성실사업자가 되기 위하여서는 장부도 복식기장을 하여야 하며, 신용카드 및 현금영수증 가맹점으로 등록하여야 합니다.

### 성실신고확인대상사업자

개인사업자는 아래 표와 같이 업종별 정하여진 수입금액 기준에 따라 간편장부 대상자와 복식부기의무자로 나뉩니다. 동일한 업종 분류로 금년 사업연도의 수입금액이 해당 기준에 포함되는 개인사업자는 해당 기간에 대한 종합소득세신고 시 성실신고 확인대상자로 분류하게 됩니다.

| 업종구분 | 복식부기 기준 매출액 | 성실신고 기준 매출액 |
| --- | --- | --- |
| ① 농업·임업 및 어업, 광업, 도매 및 소매업(상품중개업 제외), 부동산매매업, 그 밖에 아래 ②③에 해당하지 아니하는 사업 | 3억 원 | 15억 원 |

| | | |
|---|---|---|
| ② 제조업, 숙박 및 음식점업, 전기·가스·증기 및 수도사업, 하수·폐기물처리·원료재생 및 환경복원업, 건설업(비주거용 건물 제외), 운수업, 출판·영상·방송통신 및 정보서비스업, 금융 및 보험업, 상품중개업, 욕탕업 | 1억 5천만 원 | 7억 5천만 원 |
| ③ 부동산임대업, 부동산 관련 서비스업, 전문·과학·기술서비스업, 동산임대업, 사업시설관리·사업지원서비스업, 교육서비스업, 보건 및 사회 복지서비스업, 예술·스포츠 및 여가 관련 서비스업, 협회 및 단체, 수리 및 기타 개인서비스업(욕탕업 제외), 가구 내 고용활용 | 7,500만 원 | 5억 원 |

## 노란우산공제 가입 대상 및 혜택

### 노란우산공제

소기업, 소상공인이 폐업, 노령, 사망 등의 위험으로부터 생활안정을 기하고 사업재기 기회를 제공받을 수 있도록 중소기업협동조합법 제115조 규정에 따라 운영되는 공적 공제제도입니다.

### 노란우산공제 특징

① 노란우산공제제도는 소기업, 소상공인을 지원할 목적으로 도입되었으며, 중소기업 중앙회가 운영하고 중소기업청이 감독하는 공적 공제제도입니다.

② 노란우산공제금은 법에 의하여 압류가 금지되어 있어 폐업 등의 경우에도 안전하게 생활안정과 사업재기를 위한 자금으로 활용할 수 있습니다.

③ 납부금액에 대하여서는 최대 연 500만 원까지 소득공제가 가능합니다.

④ 납입 원금 진액이 직립되고 그에 대하여 복리 이자를 적용하기 때문에 폐업 시 일시금 또는 분할금의 형태로 목돈을 돌려받을 수 있습니다.

⑤ 상해로 인한 사망 및 후유장애 발생 시 2년간 최고 월 부금액의 150배까지 보험금이 지급되며, 보험료는 중소기업중앙회가 부담합니다.

### 가입대상

01. 소기업 소상공인 대표자

사업체가 소기업, 소상공인 범위에 포함되는 개인사업자 또는 법인의 대표자는 누구나 가입하실 수 있습니다. 단, 비영리법인의 대표자와 가입제한 대상에 해당되는 대표자는 가입할 수 없습니다.

- 소기업, 소상공인의 범위

업종별 연평균 매출액이 10억 원~120억 원 이하

| 업종 | 상시 근로자 수 | 연평균 매출액 |
|---|---|---|
| 제조업(의료용 물질, 의약품 등 15개) | 50명 | 120억 원 이하 |
| 전기·가스·수도사업 | 10명 | |
| 제조업(펄프, 종이, 종이제품 등 9개), 광업, 건설업, 운수업 | 50명 | 80억 원 이하 |
| 농업, 임업 및 어업, 금융, 보험업 | 10명 | |
| 출판·영상·정보서비스 | 50명 | 50억 원 이하 |
| 도·소매업 | 10명 | |
| 전문·과학·기술서비스, 사업서비스 | 50명 | 30억 원 이하 |
| 하수·폐기물처리업, 예술·스포츠·여가서비스, 부동산임대업 | 10명 | |
| 보건, 사회복지서비스 | 50명 | 10억 원 이하 |
| 개인서비스업, 교육서비스업, 숙박·음식점업 | 10명 | |

- 가입제한 업종

| | | |
|---|---|---|
| 주점업 | 일반유흥주점업 | 한국표준산업분류 56211 |
| | 무도유흥업주점업 | 한국표준산업분류 56211 |
| | 식품위생법시행령 제21조에 따른 단란주점 | |
| | 무도장 운영업 | 한국표준산업분류 91291 |
| | 도박장 운영업 | 한국표준산업분류 91249 |
| | 의료행위 아닌 안마업 | 한국표준산업분류 96122 |

- 기타 가입제한

부금연체 또는 부정수금으로 해약처리 된 후 1년이 지나지 않은 대표자

02. 여러 사업체가 있는 대표자의 경우
반드시 1개의 사업체를 선택하여 가입하여야 하며, 선택한 사업체의 폐업, 퇴임 등에 대하여서만 공제금이 지급됩니다. 이때 선택하신 사업체는 임의로 변경할 수 없습니다.

03. 무등록 소상공인
등록된 사업자는 아니나 사업 사실이 확인이 가능한 인적용역 제공자도 가입 가능합니다.

여기서부터는 부동산사업소득이 있는 거주자(이하 부동산사업소득자라 칭함)의 절세 노하우를 보도록 하겠습니다.

## 장부기장의 필요성

부동산사업소득자는 인정되는 경비율이 낮아 추계로 인한 신고가 불리합니다. 따라서 장부기장을 통하여 절세를 하여야 합니다. 부동산 임대사업소득을 장부기장이 아닌 추계로 신고하는 경우 월세 임대료 수입 외 전세수입인 간주 임대료 수입 금액도 과세됩니다. 예를 들어 매월 임대료 수입이 300만 원이고 추가로 임대보증금 1억 원을 받아 은행에 예금하여 놓았다고 가정하여 보겠습니다(간주 임대료 계산 시 적용되는 금리 3%로 가정함). 추계에 의한 신고 시에는 수입금액이 3,900만 원이 되나 장부기장을 하고 있는 경우라면 3,600만 원만 신고하면 됩니다. 그리고 부동산임대업의 경우 기준경비율과 단순경비율의 경계는 연간 수입금액이 2,400만 원 기준입니다, 그리고 기준경비율로 신고 시 주요경비(매입비용, 임차료, 인건비)를 차감하여 주는데 부동산임대사업의 경우에는 주요경비가 없어서 추계로 신고할 경우 매우 불리합니다.

## 종합소득세 합산신고

종합소득세신고 시 부동산임대소득 금액은 다른 종합소득과도 합산하여서 신고한다는 점을 잊지 않으셔야 합니다. 따라서 부동산임대소득 외 다른 소득이 많이 있을 경우 우리나라 세율은 누진세율 구조이므로 많은 세 부담을 느끼실 수 있습니다. 따라서 소득을 분산시키기 위하여 가족 명의를 활용하는 것도 좋은 절세 방안입니다. 예를 들면 남편이 근로소득 및 사업소득 등이 많을 경우에는 소득이 상대적으로 적은 배우자 명의로 부동산을 등록하면 좋습니다. 이렇게 되면 소득이 분산되므로 누진세율을 최대한 피할 수 있기 때문입니다. 그리고 부동산을 배우자 명의로 변경할 때 이용하면 좋은 규정이 증여재산공제규정입니다. 배우자끼리는 6억 원까지 증여세가 과세되지 않기 때문입니다. 따라서 배우자에게 증여한 부동산의 시가가 배우자에 대한 증여재산공제액인 6억 원을 초과하지 않도록 주의하여야 합니다. 그러나 직계비속의 경우에는 성인 자녀는 5천만 원, 미성년 자녀인 경우는 2천만 원이 증여재산공제액입니다. 따라서 직계비속과는 증여세 이슈가 발생할 수 있으므로 위험이 따릅니다.

## 공동사업자로 인한 절세

사업을 공동사업자로 등재하여도 절세가 가능합니다.

우리나라 소득세는 인별 과세입니다. 따라서 최대한 소득을 분산할수록 높은 누진세율을 피하여 상대적으로 적은 세 부담을 부담할 수 있습니다. 예를 들어 가, 나, 다 3인이 공동으로 출자하였다고 가정하여 보겠습니다. 가의 지분은 40%, 나의 지분은 30%, 다의 지분은 30%입니다. 이때 사업을 운영하여 수익에서 비용을 차감한 소득 금액이 1억 원이 발생하였다고 가정하여 보겠습니다. 그렇다면 가의 소득 금액은 4천만 원, 나의 소득 금액은 3천만 원, 그리고 다의 소득 금액은 3천만 원입니다.

### 종합소득세율표

| 과세표준 | 세율 | 누진공제 |
|---|---|---|
| 12,000,000원 이하 | 6% | - |
| 12,000,000원 초과 46,000,000원 이하 | 15% | 1,080,000원 |
| 46,000,000원 초과 88,000,000원 이하 | 24% | 5,220,000원 |
| 88,000,000원 초과 150,000,000원 이하 | 35% | 14,900,000원 |
| 150,000,000원 초과 300,000,000원 이하 | 38% | 19,400,000원 |
| 300,000,000원 초과 500,000,000원 이하 | 40% | 25,400,000원 |
| 500,000,000원 초과 | 42% | 35,400,000원 |

위 종합소득세율표를 보고 각각의 납부할 세금을 구하면 (가)는 4,920,000원(40,000,000원×15%-1,080,000원), (나)는 3,420,000원(30,000,000원×15%-1,080,000원) (다)는 3,420,000원(30,000,000원×15%-1,080,000원)입니다. 총 납부할 세금 계는 11,760,000원(4,920,000원+3,420,000원+3,420,000원)입니다. 그렇다면 (가) 혼자서 사업을 운영하였고 소득 금액이 1억 원 발생하였다고 생각하여 보겠습니다. 그렇게 되면 (가)는 세금을 20,100,000원(100,000,000원×35%-14,900,000원) 납부하게 됩니다. 두 가지의 세금의 차이는 8,340,000원(20,100,000원-11,760,000원)입니다. 이렇게 차이 나는 이유는 소득세의 세율이 누진세율이므로 소득 금액이 높을수록 적용되는

한 권으로 끝내는 절세 노하우

세율이 더 높아지기 때문입니다. 따라서 소득 금액이 분산되면 될수록 세액은 더 낮아지게 됩니다. 단, 세금을 줄이기 위하여 특수관계인(같이 거주하고 있는 배우자와 직계존비속, 직계존비속의 배우자 및 형제자매와 그 배우자)끼리 의 공동사업으로서 지분 또는 손익분배비율이 허위인 경우에는 공동 사업자 중 지분비율이 가장 높은 사람(지분비율이 같을 경우에는 공동사업 이외 의 종합소득이 가장 많은 사람)의 소득으로 간주하여 합산과세합니다. 이러한 특수관계에 해당되지 않는 관계이거나 특수관계인이라 하더라도 허위 로 지분(손익분배) 비율을 정한 경우가 아니라면 합산과세를 당하지 않 겠지만, 사업자등록을 신청할 때 공동사업의 경우에는 위장 공동사업 자등록을 적발하기 위한 현장조사 등이 있을 수 있으니 주의하여야 합 니다.

다음으로는 사업자들이 부가가치세제도를 이용하여 절세하는 방안 도 보도록 하겠습니다.

## 사업자등록의 중요성

기본일 수 있지만 신규로 사업을 시작할 경우 사업자등록 신청을 제 때 하여야 합니다.

왜냐하면 사업자등록 신청이 너무 늦을 경우에는 매입과 관련하여 부담한 매입세액을 공제받을 수 없기 때문입니다. 그러므로 신규사업 개시를 위하여 비품 등을 구입하거나 인테리어비용 등을 지출하고 세 금계산서를 받은 경우에는 늦어도 매입세액이 발생한 과세기간의 다 음 과세기간 개시 후 20일 이내에 사업자등록을 신청하여야만 자기가 부담하였던 매입세액을 돌려받을 수 있습니다. 이 경우 사업자등록 전에 받은 세금계산서에는 사업자등록번호 대신 자신의 주민등록번호를 기재하면 됩니다.

## 신용카드매출전표 등 발행 세액공제

현금을 받고 현금영수증을 발행하여 주거나 신용카드 결제를 받을 경우 부가가치세 신고 시 신용카드매출전표 등 발행 공제를 받을 수 있습니다. 사업자가 음식업, 숙박업, 소매업, 서비스업 등을 경영하면 서 재화나 용역을 공급하고 신용카드 등을 발급하는 경우에는 매출전 표 발급금액의 1.3%(간이과세자이면서 요식업, 숙박업의 경우는 2.6%)를 납부할 부가가치세에서 공제받을 수 있습니다. 단, 연간 공제한도는 1,000만 원이며, 법인과 직전년도 수입금액이 10억 원을 초과하는 경우에는 혜 택을 받을 수 없습니다.

## 적격증빙 수취

추가로 신용카드매출전표도 요건이 되면 매입세액을 공제받을 수 있습니다.

사업자가 일반과세자로부터 재화나 용역을 공급받고 부가가치세액 이 별도로 구분 가능한(공급가액과 부가가치세액이 구분되어 출력되거나 공급자가 이 를 구분하여 수기로 표기한 경우를 말함) 신용카드매출전표 등(직불카드영수증이나 현금영수증을 포함)을 받은 경우에는 부가가치세를 신고할 때 신용카드매 출전표 등 수취명세서를 제출하고, 이를 확정 신고일로부터 5년간 보 관하면 세금계산서와 마찬가지로 매입세액을 공제받을 수 있습니다.

한 권으로 끝내는 절세 노하우

## 대손발생 시 대처

거래처로부터 매출을 하고 부가세를 납부하였지만 거래처의 파산 등으로 인하여 외상매출금 등을 결제받지 못한 경우 사업자는 부가가치세가 과세되는 재화 또는 용역을 공급한 후 그 공급일로부터 5년이 경과한 날이 속하는 과세기간에 대한 확정 신고기한까지 매출세액에서 차감할 수 있습니다. 단, 예정 신고 때는 불가능하며 확정 신고 시에만 가능합니다.

## 사업의 포괄양도양수

그리고 사업을 양도할 때는 사업을 포괄적으로 양도함으로 사업 양도에 따른 부가가치세를 납부하지 않을 수 있습니다. 부가가치세는 부가가치세가 과세되는 재화 또는 용역을 공급할 때 납부합니다. 따라서 원칙적으로는 사업을 양도하는 경우 세금계산서를 발행하여 부가가치세 납부를 하여야 합니다.

---

### 사업의 포괄양도양수
사업장별로 사업용 자산을 비롯한 인적시설 및 권리·의무 등을 포괄적으로 승계하여 양도하는 것을 말합니다. 그러나 사업의 포괄적 양도·양수가 되기 위하여서는 다음과 같은 요건을 갖추어야 합니다.
① 사업의 포괄적 양도의 실체성이 확인되어야 합니다.
② 양도자 및 양수자 모두 과세사업자이어야 합니다. 물론, 포괄적 양도양수 후에 면세사업으로 전용하는 것도 인정되지 않습니다.
③ 사업포괄양도양수 계약서를 제출하여야 합니다.

### 사업의 포괄양도양수에 대하여 부가가치세를 과세하지 않는 이유
부가가치세를 과세하지 않는 이유는 부가가치세 논리상 양도자가 납부한 부가가치세는 양수자가 환급받게 됩니다. 따라서 실익이 없는데도 불구하고 사업자

---

에게 불필요하게 자금부담을 지우는 것을 피하기 위하여서입니다. 즉, 자금부담을 주지 않고 거래를 원활히 성사시키는 데 목적이 있습니다.

**주의사항**
양도자: 폐업 부가가치세 신고 시에 사업양도신고서를 제출하여야 합니다.
양수자: 사업자등록을 일반과세사업자로 하여야 하며, 양도양수계약서를 제출하여야 합니다.

## 과세유형전환(간이과세자, 일반과세자)

　수입금액이 4,800만 원 초과하거나, 간이과세자를 포기하여 간이과세자에서 일반과세자로 변경되는 경우에 반드시 재고매입세액공제를 받아야 유리합니다. 일반과세자가 받는 매입세액공제를 간이과세자는 받지 못합니다. 따라서 전환일 현재 보유하고 있는 재고자산과 건물가액에 대하여 과거에 공제받지 못하였던 매입세액을 추가로 공제받을 수 있습니다. 이 경우 재고자산은 재고액 전액에 대하여 받을 수 있으며, 고정자산은 감가율을 적용하여 계산한 미상각잔액에 대하여 각각 10/110과 (1-업종별 부가율)을 곱한 금액을 공제받게 됩니다.

**재고매입세액공제**
부가가치세법에서는 간이과세자에서 일반과세자로 변경되는 경우 재고자산에 대한 매입세액을 공제받지 못하는 불이익이 없도록 하기 위하여 "재고매입세액공제제도"를 두고 있습니다. 재고매입세액공제 이유는 간이과세자에서 일반과세자로 유형이 변경되면 재고자산을 판매하는 경우 10%의 부가가치세율이 적용되나, 재고자산을 매입한 당시에는 간이과세자이기 때문에 매입세액을 전액 공제받지 못하고 매입세액에 업종별 부가가치율을 곱한 금액만 공제받았기 때문에 그 차액을 매출세액에서 추가로 공제하여 주기 위하여서입니다.

### 공제대상 자산

일반과세자로 변경되는 날 현대의 재고품 및 감가상각재산(매입세액공제대상만 해당됨)이 공제대상입니다.

| 목록 | 공제대상 |
|---|---|
| 재고자산 | 상품, 제품, 원재료 등 |
| 건설 중인 자산 | 건설 중인 자산과 관련된 공제대상 매입세액 ×(1-업종별 부가가치율) |
| 감가상각자산 | - 건물 및 구축물은 5년 이내 취득한 것 <br> - 그 외 감가상각자산은 2년 이내 취득한 것 |

### 세액계산 방법

01. 재고품 재고매입세액 = 재고금액×10/110×(1-업종별 부가가치율)
02. 감가상각자산은 보유 기간에 따라 감액합니다.

- 간이과세자의 업종별 부가가치율은, 재고자산의 경우에는 일반과세자로 변경되기 직전 과세기간의 업종별 부가가치율을 적용합니다. 그리고 감가상각자산의 경우에는 취득일이 속하는 과세기간의 업종별 부가가치율을 적용합니다.

## 불공제된 부가가치세

부가가치세는 매입세액공제를 받는 것이 가장 좋겠지만, 불공제된 부가가치세제도 경비로는 인정이 가능합니다. 원래 부가가치세는 매출세액에서 공제받을 수 있는 것이므로 사업자의 필요경비로 인정하지 않는다. 그러나 접대비, 비영업용 소형승용차 등 매입세액불공제 항목인 매입세액은 경비처리가 가능합니다. 예를 들어 거래처에 접대를 하였을 경우, 공급가액 100원, 부가가치세액 10원, 총 110원을 납부하였을 것입니다. 이럴 경우 부가가치세액 10원은 접대비 성격이라 부가가치세 매입세액공제가 불가능합니다. 따라서 100원이 접대비(경비)가 아닌 110원 모두가 접대비(경비)가 되는 것입니다.

## 재고매입 시기

부가가치세를 절세하는 방안으로는 반기 말(6월 말)과 연도 말(12월 말)에는 재고매입을 미루는 것이 좋습니다. 왜냐하면 반기 말, 연도 말에 재고자산을 많이 매입할 경우에는 부가가치세 신고율이 낮아질 뿐만 아니라 환급이 발생할 수도 있습니다. 이 경우 환급세액이 과다하면 실지 확인조사의 대상이 될 수 있으며 추가로 받지 않아도 될 세무조사를 받게 될 수도 있습니다.

## 거래 상대방

그리고 거래 시 거래처 상대방이 어떤 사업자인지도 중요합니다. 거래 상대방이 면세사업자이거나 휴업자 및 폐업자 또는 간이과세자인 경우에는 부가가치세 매입세액공제를 받을 수 없습니다. 그러므로 거래 상대방의 사업자등록증을 받아서 확인을 하거나 홈택스에서 조회를 통하여 확인을 꼭 하길 추천하여 드립니다.

## 사업자단위과세 및 주사업장총괄납부

한 명의 사업자가 여러 사업장을 운영한다면 사업자단위과세를 신청하면 간편합니다. 부가가치세는 사업장마다 신고하고 납부하는 것이 원칙입니다. 즉 사업장단위과세입니다. 그러나 사업장이 다수일 경우에는 A사업장에서는 납부할 부가가치세가 발생하고, B사업장에서는 환급 부가가치세가 발생할 수 있습니다. 이러한 경우 부가가치세를 환급받고 또 납부를 하여야 하는 불편함이 발생할 수 있어 세법에서는 납부만을 합쳐서 하는 주사업장총괄납부제도와 신고 및 납부 모두를 한 사업장에서 할 수 있는 사업자단위과세제도를 두고 있습니다.

### 사업자단위과세제도 vs 주사업장총괄납부제도

| | 사업자단위과세제도 | 주사업장총괄납부제도 |
|---|---|---|
| 설명 | 둘 이상의 사업장이 있는 사업자가 본점, 지점으로 나뉘어, 본점에만 사업자등록번호가 부여됨. | 둘 이상의 사업장이 있는 사업자가 본점, 지점으로 나뉘고, 사업장에 따라 사업자등록번호가 부여됨. |
| 신청방법 | 신규사업자: 사업개시일로부터 20일 이내 신청하여야 함. 계속사업자: 과세기간 20일 전 주사업장 관할 세무서에서 신청하여야 함. | 과세기간 20일 이전 주된 사업장 관할 세무서에서 신청함. |

| 부가가치세 | 사업자단위과세제도 | 주사업장총괄납부제도 |
|---|---|---|
| 장점 | 주된 사업장에서 납부 및 환급을 한 번에 하기 때문에, 사업주 입장에서 세금 납부가 편리하여짐. | |
| 세금계산서 발행 및 수취 | 발행 및 수취 모두 본점 사업자등록번호로 함. | 발행 및 수취 사업장별로 함. |
| 신고 및 납부 | 신고와 납부 모두 본사업장에서 이루어짐. | 신고는 사업장별로 하며, 납부는 주된 사업장에서 한꺼번에 이루어짐. |

## 소액의 비용처리

경비지출 시에는 부가가치세가 구분 기재된 적격증빙을 받고 공공요금 등에 부과되는 부가가치세 매입세액공제도 놓치시면 안 됩니다. 전기, 전화, 도시가스요금 등 사업에 관련된 공과금도 비용이 소액일 수 있지만 세금계산서 등 적격증빙을 통하여 발급받을 경우 매입세액공제를 받을 수 있습니다. 따라서 아무리 소액이라도 지출이 발생하면 현금영수증, 신용카드, 세금계산서와 같은 적격증빙을 꼭 수취하여야 합니다.

---

### 실생활에 도움 되는 사업소득자 세금 지식

**TIP 상가 및 오피스텔 분양 시 매입세액공제로 절세가 가능합니다.**

요즘은 시세차익 등 투자 목적으로 상가나 오피스텔을 매입하는 경우가 많이 있습니다. 물론 과세사업과 관련된 상가분양대금에는 부가가치세를 납부하여야 합니다. 투자자가 부가가치세의 과세대상사업을 영위하고 있거나 영위할 목적으로 자산 등을 취득할 경우에 취득대금에 포함되어 있는 부가가치세는 매입세액공제를 받을 수 있습니다. 직접 사용하든 임대로 사용하든 과세 목적으로만 사용하면 됩니다. 다만 상가의 취득 목적이 부가세 면세사업인 학원, 유치원 등이 아니어야 합니다. 따라서 면세사업자가 아닌 과세사업자인 경우에는 관할 세무서에 일반과세자로 사업자등록을 하고 개인사업자 명의로 분양받으면 분양대금에 포함되어 있는 부가가치세를 환급받을 수 있습니다. 그러나 부가가치세를 환급받은 후에 10년이 경과하기 전에 폐업하거나 간이과세자로 전환하게 되면 환급받은 세액의 일부를 추징당하므로 주의하여야 합니다.

**TIP 개인사업자도 공동사업자등록으로 절세가 가능합니다.**

주변에서 친한 친구 사이나 부부, 혹은 형제자매끼리 공동으로 사업을 하는 경우를 종종 볼 수 있습니다. 물론 동업하면 관계가 깨진다는 자신 스스로와 주위의 우려를 극복하고 이루어진 경우로서 동업자 각자가 가지고 있는 기술과 자금력, 노하우의 공동 결합을 통하여 사업상 유리한 측면들을 가질 수 있기 때문인데 이것은 세금 측면에서도 똑같이 적용된다는 사실을 알고 있는 사람은 그리 많지 않은 것 같습니다. 그런데 왜 공동사업으로 등록하면 소득세가 줄어든다고 하는 것일까요? 소득세는 누진세율 구조를 취하고 있습니다. 따라서 소득을 분산시킬수록 최종적으로 납부할 세금은 줄어들 수밖에 없습니다. 이러한 합법적인 소득분산을 통하여 세금을 줄일 수 있는 방법은 부동산임대소득 발생 시에도 그대로 적용된다고 생각하면 됩니다. 부부, 형제, 자매나 부모가 임대사업을 영위하기 위하여 자금을 투자하는 경우 각각의 지분 비율대로 소득세를 계산하기 때문입니다. 또한 부부끼리라 하더라도 증여가 이루어지면 증여세를 부담하여야 하지만

---

한 권으로 끝내는 절세 노하우

6억 원까지는 증여세가 면제되므로 6억 원을 증여한 후 임대사업을 공동으로 영위하는 것도 소득세 절세의 한 방법이 될 수 있는 것입니다. 물론 세금을 적게 내기 위하여 공동 사업자인 것처럼 위장 등록하는 경우에는 기존과 같이 합산하여 누진세율을 적용하여 과세합니다. 현실적으로 생계형 창업의 대부분이 부부 공동 창업의 형태를 띠는 경우가 많은데 이를 사업자 등록할 때 그대로 반영하여 공동으로 사업자등록을 한다면 소득분산 차원에서도 유리하다고 볼 수 있고 또한 이후에 부동산 등을 취득할 때 부부 모두가 소득 발생의 원천을 증명할 수 있기에 자금출처조사로부터도 웬만큼은 자유로울 수 있을 것입니다. 또한 이러한 소득분산논리는 주택 등 부동산을 양도할 시에도 그대로 적용된다고 볼 수 있고 이를 통하여 양도소득세를 줄일 수 있으므로 취득 시 공동으로 등기를 하는 것도 고려하여 볼 만합니다.

### 🆃🅸🅿 가족끼리 인건비 계상으로 절세가 가능합니다.

예를 들어 부부가 공인중개사무소를 운영한다고 가정하여 보겠습니다. 대표인 남편이 배우자를 실장으로 고용하여 사업을 운영할 수 있습니다. 그러면 남편인 사장님은 근로자인 배우자에게 급여를 지급하여야 합니다. 물론 예와 같은 경우 급여를 지급하면 인건비 비용 처리가 가능합니다. 그러나 실무상으로는 실제로 근무하지 않은 가족의 명의를 빌려 인건비 신고를 하는 경우가 다반사입니다. 그래서 추후 소명자료를 받게 될 수 있지만 실제로 근무를 한다면 비용 처리하는 것은 전혀 문제 되지 않습니다. 급여처리가 가능하다는 것을 알았으면 이제 급여는 어느 정도가 적절한지 보도록 하겠습니다. 가족은 특수관계인에 해당됩니다. 따라서 급여 지급 시 너무 많은 급여를 지급하게 되면 세무상 부당행위부인과 같은 이슈가 발생할 수 있습니다. 따라서 업계 평균으로 지급하는 것을 추천하여 드립니다.

### 🆃🅸🅿 벤처기업 인증을 통하여서도 절세가 가능합니다.

IT사업과 같은 독자적인 기술력을 필요로 하는 사업은 초기에 개발 투자에 대하여 많은 비용이 대부분 요구됩니다. 이렇게 초기 연구비용이 많이 필요하면 자금조달 문제가 발생할 수 있습니다. 이러한 업종을 위하여 세금 절세와 자금조달 문제인 대출을 동시에 해결할 수 있는 좋은 제도가 있습니다. 그것이 바로 벤처기업 인증 제도입니다. 벤처기업이 되기 위한 일반적인 방법은 벤처캐피탈의 투자를 받는 것입니다. 그렇지만 그건 결코 쉬운 일이 아닙니다. 그렇지만 기술보증기금의 보증이나 중소기업진흥공단의 자금 대출이 8,000만 원 이상이고 그 보증금액 및 대출금액이 기업의 자산에서 차지하는 비율이 5% 이상일 경우 벤처기업 인증과 자금 문제가 한 번에 해결됩니다. 더욱이 창업 후 3년 이내 벤처기업으로 확인받은 기업은 5년간 50%의 소득세 및 법인세를 감면받을 수 있습니다. 그리고 대출금액에 대한 이자도 물론 사업과 관련된 대출금 이자이므로 경비처리가 가능합니다. 그렇지만 간과하여서는 안 되는 점은 개인사업자는 개인사업의 사업용 자산이 부채를 초과하는 경우에만 이자를 비용으로 인정하여 준다는 것입니다. 왜냐하면 부채가 사업용 자산보다 크다는 것은 대표자가 개인적인 용도로 자금 등을 사용한 것으로 보기 때문입니다. 따라서 벤처인증도 중요하지만 그 이후 자산관리를 통한 이자비용 처리도 중요합니다. 세무 전문가와의 상담을 통하여 처음부터 끝까지 잘 검토하고 진행하는 것을 추천하여 드립니다.

### 🆃🅸🅿 신용카드 수수료 등의 소액경비로 절세가 가능합니다.

요즘은 신용카드 회사들의 혜택이 좋아지면서 소비자들의 대부분이 웬만하면 신용카드로 결제를 합니다. 소비자가 신용카드로 결제를 하면 신용카드사에서는 신용카드 수수료를 제외한 금액을 사업주의 통장으로 입금합니다. 신용카드를 사용하는 소비자들은 신경 쓰지 않겠지만 사업주 입장에서는 신용카드 수수료 또한 부담감으로 다가옵니다. 일반적으로 사장님들이 카드결제보다 현금결제를 원하는 것은 물론 매출 누락을 위함일 수도 있겠지만 신용카드 수수료에 부담을 느껴 그러는 사장님들도 많이 있습니다. 신용카드 수수료를 확인하는 방법은 여신금융협회에서 확인하는 방법이 가장 실용적이나 카드사별로 자료를 받아도 무방합니다. 이러한 작은 비용부터 누락하지 않고 꼼꼼하게 반영하는 것이 절세의 시작이라 생각합니다.

### 🆃🅸🅿 지방에서의 창업으로 절세가 가능합니다.

사업주가 사업을 시작할 때 가장 먼저 하는 고민이 개인사업자로 사업자등록을 할지 법인사업자로 사업자등록을 할지입니다. 그리고 개인인지 법인인지가 결정되면 어디서 창업을 할지가 가장 큰 고민거리입니다. 수도권은 이미 상권이 포화상태이므로 지방에 창업을 일부러 하시는 분들도 많이 있습니다. 상업적 관점에서 보면 수도권이랑 지방의 창업은 각각 장단점이 있겠지만 세무적 관점에서는 수도권 창업보다 지방 창업이 혜택이 훨씬 많습니다. 수도권과 지방의 소득 격차가 벌어지고 있어 정부에서 지방에서 창업을 하면 혜택을 많이 주고 있기 때문입니다. 조세특례제한법 법령 제6조에 의하면 지방에서 창업을 하고 세법상 정하는 업종을 영위하는 중소기업은 5년간 50%의 소득세 또는 법인세를 감면하여 줍니다. 더욱이 젊은 창업주분들은 청년창업중소기업 요건에 충족되면 지방에 창업하시는 것이 훨씬 절세가 됩니다. 청년창업중소기업에 해당하면 5년간 100%의 세액감면을 적용하여 줍니다. 여기서 말하는 청년이란 대표자 연령이 창업 당시 15세 이상, 34세 이하를 말합니다. 더군다나 수도권 과밀억제권역일지라도 청년창업중소기업에 해당하면 5년간 법인세나 소득세를 50%나 감면받습니다. 그리고 개인이 아닌 법인으로 창업 시에는 본인이 최대 주주여야 적용이 가능합니다.

---

조세특례제한법 법령 제6조【창업중소기업 등에 대한 세액감면】

(중간 생략)

③ 창업중소기업과 창업벤처중소기업의 범위는 다음 각 호의 업종을 경영하는 중소기업으로 한다. (2010.1.1. 개정) 부칙

01. 광업

02. 제조업(제조업과 유사한 사업으로서 대통령령으로 정하는 사업을 포함한다. 이하 같다) (2016.12.20. 개정) 부칙

03. 건설업

04. 음식점업

05. 출판업

06. 영상·오디오 기록물 제작 및 배급업(비디오물 감상실 운영업은 제외한다)

07. 방송업

08. 전기통신업

09. 컴퓨터 프로그래밍, 시스템통합 및 관리업

10. 정보서비스업(뉴스제공업, 블록체인 기반 암호화자산 매매 및 중개업은 제외한다) (2018.12.24. 개정)

11. 연구개발업

12. 광고업

13. 그 밖의 과학기술서비스업

14. 전문디자인업

15. 전시·컨벤션 및 행사대행업 (2017.12.19. 개정)

16. 창작 및 예술 관련 서비스업(자영예술가는 제외한다)

17. 대통령령으로 정하는 엔지니어링사업(이하 "엔지니어링사업"이라 한다)

18. 대통령령으로 정하는 물류산업(이하 "물류산업"이라 한다)

---

19. 「학원의 설립·운영 및 과외교습에 관한 법률」에 따른 직업기술 분야를 교습하는 학원을 운영하는 사업 또는 「근로자직업능력 개발법」에 따른 직업능력개발훈련시설을 운영하는 사업(직업능력개발훈련을 주된 사업으로 하는 경우에 한한다) (2010.12.27. 개정)
20. 「관광진흥법」에 따른 관광숙박업, 국제회의업, 유원시설업 및 대통령령으로 정하는 관광객 이용시설업
21. 「노인복지법」에 따른 노인복지시설을 운영하는 사업
22. 「전시산업발전법」에 따른 전시산업
23. 인력공급 및 고용알선업(농업노동자 공급업을 포함한다) (2010.12.27. 신설)
24. 건물 및 산업설비 청소업(2010.12.27. 신설)
25. 경비 및 경호 서비스업(2010.12.27. 신설)
26. 시장조사 및 여론조사업(2010.12.27. 신설)
27. 사회복지 서비스업(2013.1.1. 신설)
28. 보안시스템 서비스업(2015.12.15. 신설)
29. 통신판매업(2018.5.29. 신설)
30. 개인 및 소비용품 수리업(2018.5.29. 신설)
31. 이용 및 미용업(2018.5.29. 신설)

그리고 한 가지 주의할 점은 사업의 양도양수 및 합병, 분할 등과 같이 종전의 사업을 승계하거나 창업으로 보기 어려운 사업의 개시는 세액감면 혜택을 받을 수 없습니다. 따라서 사업자 등록을 하기 전에 전문가와 충분히 상담하는 것을 권장합니다. 따라서 창업을 계획하고 있는 분들은 세액감면 등의 혜택을 통하여 초기에 비용절약을 하길 추천합니다.

### 🆃🅸🅿 청년 고용을 통하여 절세가 가능합니다.

뉴스에서 요즘 접할 수 있듯이 청년 실업률이 심각합니다. 그래서 정부는 청년 일자리를 창출하는 기업에게 각종 지원금과 세제 혜택을 받을 수 있도록 지원하고 있습니다. 회사가 청년 고용을 증대시키면 400만 원~1,200만 원까지 세액공제 혜택을 주고 있습니다. 물론 청년 외의 자를 고용 증대하여도 세액공제 혜택이 있지만 중소기업과 중견기업만 공제 대상이 됩니다. 그리고 직원 고용으로 인하여 회사에서 부담을 느끼는 문제가 4대보험 문제입니다. 정부에서는 이러한 부담도 최소화하기 위하여 중소기업 사회보험료 세액공제란 법을 두고 있습니다. 중소기업의 고용을 촉진시키고 사회보험료 가입 활성화를 지원하기 위하여 만든 제도로, 중소기업의 상시근로자 수가 작년에 비하여서 증가한 경우, 청년은 고용증가 인원에 대한 사회보험료 전액을 세액 공제받을 수 있습니다. 청년이 아

닌 경우에는 50% 금액에 대한 세액공제 혜택을 주며 그 기간이 2년 동안 적용됩니다. 이러한 세액공제 감면 규정들을 통하여 고용을 하면 부담을 최소화하여 고용을 할 수 있습니다. 따라서 꼼꼼하게 검토하여서 모든 혜택을 다 받길 권장합니다.

---

■ 조세특례제한법 법령 제29조의7 [고용을 증대시킨 기업에 대한 세액공제]

① 내국인(소비성서비스업 등 대통령령으로 정하는 업종을 경영하는 내국인은 제외한다. 이하 이 조에서 같다)의 2021년 12월 31일이 속하는 과세연도까지의 기간 중 해당 과세연도의 대통령령으로 정하는 상시근로자(이하 이 조에서 "상시근로자"라 한다)의 수가 직전 과세연도의 상시근로자의 수보다 증가한 경우에는 다음 각 호에 따른 금액을 더한 금액을 해당 과세연도와 해당 과세연도의 종료일부터 1년[중소기업 및 대통령령으로 정하는 중견기업(이하 이 조에서 "중견기업"이라 한다)의 경우에는 2년]이 되는 날이 속하는 과세연도까지의 소득세(사업소득에 대한 소득세만 해당한다) 또는 법인세에서 공제한다. <개정 2018. 12. 24.>

  01. 청년 정규직 근로자와 장애인 근로자 등 대통령령으로 정하는 상시근로자(이하 이 조에서 "청년 등 상시근로자"라 한다)의 증가한 인원수에 400만 원[중견기업의 경우에는 800만 원, 중소기업의 경우에는 1,100만 원(중소기업으로서 수도권 밖의 지역에서 증가한 경우에는 1,200만 원)]을 곱한 금액

  02. 청년등 상시근로자 외 상시근로자의 증가한 인원수 × 0원(중견기업의 경우에는 450만 원, 중소기업의 경우에는 다음 각 목에 따른 금액)
     가. 수도권 내의 지역에서 증가한 경우: 700만 원
     나. 수도권 밖의 지역에서 증가한 경우: 770만 원

(이하 생략)

---

■ 조세특례제한법 법령 제30조의4 [중소기업 사회보험료 세액공제]

① 중소기업이 2021년 12월 31일이 속하는 과세연도까지의 기간 중 해당 과세연도의 상시근로자 수가 직전 과세연도의 상시근로자 수보다 증가한 경우에는 다음 각 호에 따른 금액을 더한 금액을 해당 과세연도의 소득세(사업소득에 대한 소득세만 해당한다) 또는 법인세에서 공제한다. <개정 2014. 1. 1., 2015. 12. 15., 2016. 12. 20., 2018. 12. 24.>

  01. 청년 및 경력단절 여성(이하 이 조에서 "청년 등"이라 한다) 상시근로자고용증가 인원에 대하여 사용자가 부담하는 사회보험료 상당액: 청년 등 상시근로자 고용증가인원으로서 대통령령으로 정하는 인원 × 청년 등 상시근로자 고용증가인원에 대한 사용자의 사회보험료 부담금액으로서 대통령령으로 정하는 금액 × 100분의 100

  02. 청년 등 외 상시근로자 고용증가 인원에 대하여 사용자가 부담하는 사회보험료 상당액: 청년 등 외 상시근로자 고용증가인원으로서 대통령령으로 정하는 인원 × 청년 등 외 상시근로자 고용증가인원에 대한 사용자의 사회보험료 부담금액으로서 대통령령으로 정하는 금액 × 100분의 50(대통령령으로 정하는 신성장 서비스업을 영위하는 중소기업의 경우 100분의 75)

(이하 생략)

# 절세팁- 부동산 취득, 보유, 양도, 상속, 증여

이제부터 부동산의 취득, 보유, 양도와 관련된 절세 방안을 보도록
하겠습니다.


## 1. 취득 관련 절세 방안

### 취득세 신고·납부

우선 취득세는 취득일로부터 60일 이내에 신고 및 납부를 하여야 합
니다. 취득세를 기한 내에 신고하지 않으면 20%의 가산세를 추가로 납
부하여야 하니 주의하여야 합니다. 그렇다면 취득세의 취득일이 언제
인지 알아야 뒤늦게 납부하는 일이 없을 것입니다. 가장 일반적인 자
산 취득일은 잔금지급일입니다. 그러나 혹시 계약서에 잔금지급일이
명시되어 있지 않다면 계약일로부터 60일이 되는 날을 취득일로 간주
하므로 주의하여야 합니다.

## 취득세 과세표준

취득세는 납세자가 취득가액으로 신고한 금액이 과세표준이므로(신고납부방식) 이를 제대로 신고하는 것이 중요합니다. 부동산을 매매하면 계약일로부터 60일 이내에 관할 구청에 실제 거래가격을 신고하여야 하는데, 이것이 취득세 과세기준이 됩니다. 그러나 신고가액이 너무 낮은 경우에는 지방세법상 시가표준액을 취득세 과세표준으로 봅니다. 그리고 취득가액을 부당하게 낮추어서 신고하는 경우에는 과태료가 부과될 수 있으니 주의하여야 합니다.

> 취득세 과세표준
> 원칙: 취득 당시 신고가액
> 예외: 취득 당시 시가표준액(토지는 6월 1일, 주택은 5월 1일 공시)
> 신고가액과 시가표준액을 비교하여 큰 금액이 과세표준이 됩니다.
> Max(취득 당시 신고가액, 취득 당시 시가표준액)

## 취득세 중과세자산

취득하는 자산이 혹시 취득세가 중과세되는 자산은 아닌지 여부를 사전에 검토하여야 자금조달에 문제가 생기지 않습니다. 예를 들어 고급주택이나 빌라, 또는 별장 등은 취득세가 3배(12%)로 중과되므로 이를 사전에 계산하여 본 후 취득하여야 예측 가능성이 생깁니다. 예를 들어 취득가액이 10억 원인 고급주택의 취득세는 1억 2천만 원(10억 원×12%)입니다.

## 가산세 감면

실수로 취득세 신고기한이 경과하였더라도 취득세를 고지받기 전에 자진신고하면 신고불성실가산세가 산출세액의 20%에서 50% 경감된 산출세액의 10%로 줄어드는 효과가 있습니다.

**매매 시점**

그리고 과세기준일(6월 1일) 전에 양도하거나 과세기준일이 지나고 나서 매수하는 것이 유리합니다.

재산세와 종합부동산세는 과세기준일인 6월 1일 현재의 소유자를 대상으로 세금을 부과하기 때문에 부동산을 매도하려면 과세기준일 전인 5월 31일까지 매도하는 것이 좋습니다. 그리고 반대로 매수하려면 과세기준일인 6월 1일 이후에 매매하여야 재산세 및 종합부동산세 부담을 피할 수 있습니다. 여기서 말하는 매매 기준일은 취득한 날을 이야기합니다. 즉, 잔금청산일 또는 소유권이전등기 접수일 중 빠른 날을 의미하므로 매도의 경우 6월 1일 이전에 잔금을 받거나 소유권 이전을 하여야 합니다. 만약 6월 1일에 잔금을 받는다면 5월 31일에 잔금을 받는 것과 불과 하루 차이지만 종합부동산세 납세의무자가 달라집니다. 반대로 건물을 매입하는 경우에는 6월 1일 이후에 잔금을 지급하여야 종합부동산세 부담을 피할 수 있습니다. 다만, 입주 지연으로 인하여 연체료를 납부하여야 될 상황이 발생할 수도 있으니 여러 방면으로 유불리를 검토한 후에 가장 유리한 방향으로 결정하여야 합니다.

## 2. 보유 관련 절세 방안

**공동 소유**

종합부동산세가 처음 도입되었을 때는 세대별로 합산하여 과세하

였습니다. 그러다 2008년 헌법재판소의 위헌 판결에 따라 과세 단위
가 개인별로 변경되었습니다. 현재 주택에 대한 종합부동산세 과세기
준은 공시가격을 기준으로 부부 공동명의인 경우 12억 원, 단독명의
인 경우 9억 원입니다. 따라서 가장 바람직한 방법은 주택을 취득할 때
아예 배우자와 공동으로 등기하는 것입니다. 그리고 처음부터 공동등
기를 하면 단독 등기와 동일하게 세금을 납부하면 됩니다. 단독등기를
한 후에 공동등기를 하면 추가적인 세무상 이슈가 발생할 수 있습니다.

### 지분 변경

기존주택의 지분 변경을 고려할 경우 신중하게 결정하여야 합니다.
이미 단독명의로 되어 있는 공시지가 9억 원 이상 주택을 종합부동산
세 부담을 줄이기 위하여, 공동으로 지분 변경을 할 경우에는 검토할
내용이 많습니다. 다행스럽게도 세법상 배우자에게는 6억 원까지 증
여공제가 되어 증여세가 과세되지 않지만, 지분변경에 따른 취득세 등
관련 세금이 만만치 않기 때문입니다. 예를 들어 공시가격이 20억 원
인 건물의 경우를 보겠습니다. 증여세를 면제받기 위하여 6억 원 상당
액의 지분을 배우자에게 이전한다면 관련 세금은 모두 2,400만 원[취
득세 3.5%(2,100만 원), 지방교육세 0.3%(180만 원), 농특세 0.2%(120만 원)]
에 이릅니다. 이에 반하여 연간 종합부동산세 감소액은 많아야 200만
원 정도로 그리 크지 않기 때문입니다. 따라서 지분 변경 전에 전문가
와 상담하고 결정하시길 권합니다.

### 비사업용 토지 vs 사업용 토지

종합부동산세를 절약하기 위하여서는 비사업용 토지를 사업용 토

지로 전환하면 좋습니다. 종합부동산세에서 종합합산 과세대상인 비사업용 토지의 과세기준금액은 개별공시지가로 보면 5억 원이 과세기준금액입니다. 그러나 별도합산과세대상인 사업용 토지는 기준금액이 80억 원으로 과세기준금액이 매우 높아 사실상 종합부동산세가 과세되지 않는다고 봐도 무방합니다. 따라서 비사업용 토지에 건물 등을 건축하여 사업용으로 전환하면 종합부동산세 과세대상 걱정은 하지 않아도 됩니다. 그렇지만 세법에서는 예외적으로 비사업용 토지를 사업용 토지로 보는 경우도 있고, 비사업용 토지를 사업용 토지로 전환하기 위한 비용도 만만치 않으므로 결정은 여러 방면의 실익을 따져 결정하여야 합니다.

### 주택임대사업자등록

다주택자는 주택임대사업자로 등록하여 세금을 절약할 수 있습니다. 추가로 일정 요건을 갖춘 장기임대주택은 종합부동산세 과세대상에서도 제외됩니다. 여기서 일정 요건이란 주거용 오피스텔도 포함한 형식보단 실질적인 용도가 주거용 임대주택인 것을 말하며, 임대개시일 또는 과세기준일 현재 공시가격이 3억 원(수도권은 6억 원) 이하여야 합니다. 따라서 1채 이상을 8년 이상 임대하는 장기임대사업자로 등록하여야 하는 것을 말합니다. 그리고 임대주택을 8년 이상 임대한 후 양도하여야 종합부동산세를 면제받을 수 있으며, 8년 이내에 임대사업을 그만두거나 매각하면 그동안 감면받은 종합부동산세를 가산세를 가산하여 모두 추징당하게 되므로 이 점을 유의하여야 합니다.

## 3. 양도 관련 절세 방안

### 보유 기간

양도 시 주의할 점은 아무리 불가피한 사정이 있더라도 최소한 2년은 보유하다가 매매하여야 합니다. 왜냐하면 1세대 1주택으로 비과세를 받기 위하여서는 2년 이상 보유하여야 하기 때문입니다. 그리고 양도소득세를 내야 하는 일반 부동산의 경우에도 2년 이상 보유한 경우에는 양도소득세율이 기본세율인 6~42%가 적용됩니다. 그렇지만 1년 이상 2년 미만 보유한 부동산(주택은 6~42%)에 대하여서는 40%, 1년 미만 보유한 부동산에 대하여서는 50%(주택은 40%)의 높은 단일세율이 적용됩니다.

### 양도소득세 예정신고

양도 시 양도소득세 예정신고 납부는 반드시 하여야 합니다. 양도소득 예정신고를 하지 않으면 나중에 20%의 무신고가산세를 내야 하므로 양도소득이 발생하면 양도일이 속하는 달의 말일부터 2개월 이내에 꼭 예정신고 및 납부하는 것이 유리합니다. 그리고 한 해에 부동산을 2번 이상 양도한 경우에는 양도소득세 확정 신고, 납부를 다음 해 5월 31일까지 하여야 합니다. 세율 구조가 누진세율인 세율체계로 인하여 부동산 양도가액이 합산될 경우에는 더 많은 세금이 산출되기 때문입니다.

### 증빙 보관

실제 거래가액에 의한 양도차익 계산에 대비하여 취득 시 부수적으로 들어간 제반비용에 대한 증빙을 잘 챙겨 놓아야 합니다. 취득 시 부대비용은 모두 필요경비로 한도 없이 공제받을 수 있기 때문입니다. 취득 시 부대비용 증빙에는 취득세 및 등록세 납부영수증과 각종 공사비 관련한 세금계산서 및 현금영수증 등이 있습니다. 물론 양도 시의 중개수수료와 세무신고비용 등 양도비용도 공제되므로 영수증을 챙겨두어야 합니다.

### 장기보유특별공제

양도 시 장기보유특별공제를 최대한 받도록 하여야 절세 효과가 있습니다. 장기보유특별공제를 받기 위하여서 최소한 3년은 보유하여야 하며, 오랫동안 보유할수록 장기보유특별공제율은 더 증가합니다. 따라서 최대한 오랫동안 보유하고 양도를 하는 것이 절세의 핵심입니다. 그리고 1세대 1주택으로서 양도소득세를 내야 하는 고가주택은 10년 이상 보유하면 공제율이 80%나 되므로 이를 잘 활용하면 큰 절세효과를 얻을 수 있습니다.

### 부동산 등기

취득한 부동산은 아무리 늦어도 양도 전에는 반드시 등기하여야 합니다. 등기를 하지 않은 미등기 자산을 양도하였을 경우에는 세법상 제재가 크게 있습니다. 우선 장기보유특별공제와 양도소득 기본공제(1년에 250만 원)를 적용받을 수 없습니다. 그리고 양도소득 금액에 대하여서 70%라는 매우 높은 단일세율을 적용받게 됩니다.

## 주택의 면적

점포주택을 설계하면서 양도를 고려하고 있을 경우에는 주택의 면적을 상가점포의 면적보다 크게 설계하여야 합니다. 왜냐하면 점포주택의 경우에는 주택이 차지하는 면적 비중이 상가점포의 면적보다 큰 경우에 한하여 점포주택 전부를 주택으로 보고 있습니다. 따라서 주택 면적이 대부분인 점포주택인 경우에는 그 외의 주택이 없다면 1세대 1주택 비과세 규정을 적용받을 수 있습니다. 그러나 상가 부분의 면적이 더 크거나 같을 경우에는 상가건물에 대한 양도소득세를 낼 뿐만 아니라 토지도 그 면적에 비례하여 상가 부속토지에 대하여서는 양도소득세를 납부하여야 합니다. 그리고 부가가치세 측면에서 보더라도 주택임대는 면세라서 부가가치세 납부의무가 발생하지 않지만, 상가임대는 과세라서 부가가치세 납부의무가 발생합니다.

## 고가주택

고가주택이라도 1세대 1주택에 해당한다는 전제하에서는 양도소득세 실효세율은 매우 낮습니다. 그리고 1세대 1주택 비과세 요건을 충족하였다 하더라도 고가주택은 양도소득세가 비과세되지 않습니다. 그러나 1세대 1주택 비과세 요건을 충족한다면 양도가액이 9억 원을 초과하는 부분에 대하여서만 양도소득세가 과세됩니다. 그리고 10년 이상 보유 시에는 장기보유특별공제율이 80%나 되기 때문에 실제로 납부하게 될 세금은 매우 적습니다. 예를 들어 7억 원에 매입한 주택을 10년 뒤 12억 원에 매매한다고 가정하여 보겠습니다. 계산하여 보면 양도차익은 1억 2,500만 원(5억 원×(12억 원-9억 원)/12억 원)이지만 장기보유특별공제 80%를 차감하면 2,500만 원으로 대폭 감소합니다. 그리고 기본공제 250만 원에 세율을 곱하면 실질적으로 납부할 세금은 얼마 되지 않습니다.

| 장기보유특별공제(2019년) | | |
| --- | --- | --- |
| 보유 기간 | 고가주택 | 일반주택 |
| 3년 이상~4년 미만 | 24% | 6% |
| 4년 이상~5년 미만 | 32% | 8% |
| 5년 이상~6년 미만 | 40% | 10% |
| 6년 이상~7년 미만 | 48% | 12% |
| 7년 이상~8년 미만 | 56% | 14% |
| 8년 이상~9년 미만 | 64% | 16% |
| 9년 이상~10년 미만 | 72% | 18% |
| 10년 이상~11년 미만 | | 20% |
| 11년 이상~12년 미만 | | 22% |
| 12년 이상~13년 미만 | 80% | 24% |
| 13년 이상~14년 미만 | | 26% |
| 14년 이상~15년 미만 | | 28% |
| 15년 이상 | | 30% |

## 양도시기

또한 양도시기를 잘 조절함으로써 양도소득세를 절세할 수 있습니다. 양도차익을 계산할 때 일반적인 취득인 경우에는 취득가액을 확인할 수 없는 경우에는 환산취득가액을 적용하여 양도차익을 계산할 수 있습니다. 환산취득가액은 취득 당시의 기준시가와 양도일 현재의 기준시가 비례로 취득가액을 계산합니다. 산식에 의하면 양도일 현재 기준시가가 낮을수록 환산취득가액이 커져서 양도차익이 줄어들게 됩니다. 따라서 대부분의 부동산의 공시가격이 매년 상승하는 것을 고려하였을 때, 공시가격이 공시되기 전에 양도하는 것이 유리합니다.

## 상속(증여)부동산

상속(증여)부동산은 상속 및 증여 당시 취득신고가액을 높게 하여야 양도소득세가 줄어듭니다. 상속(증여)받은 부동산을 양도하는 경우 취득가액은 상속(증여) 당시 신고한 금액을 취득가액으로 봅니다. 따라서 부동산을 상속이나 증여받는 경우에는 상속공제 및 증여공제를 최대한 이용하여 세금을 최대한으로 납부하지 않으면서 취득가액을 높게 잡는 것이 나중에 양도할 때 유리합니다.

## 다주택자 양도소득세

다주택자로서 거주 중인 주택을 팔아야 할 경우에는 임대사업자등록을 하여서 1세대 1주택 비과세를 받으면 절세할 수 있습니다. 여기서 주의할 점은 2년 이상 보유가 아닌 2년 이상 거주를 하여야 한다는 것입니다. 1세대 다주택자인 경우 주택에 대하여 임대사업자등록을 하고 거주용 주택을 제외한 나머지 주택을 임대하면 양도소득세 비과세 요건 판정 시 임대주택은 없는 것으로 봅니다. 따라서 2년 이상 거주요건을 충족한 주택을 양도한다면 1세대 1주택으로 보아 양도소득세가 비과세됩니다. 이 경우 임대주택은 임대개시일 당시 공시가격 6억 원 (지방은 3억 원) 이하여야 하며, 5년 이상 임대하여야 합니다. 그러나 나중에 임대주택을 양도하는 경우에는 기존 거주용 주택의 양도일 이후의 양도차익만 비과세 됩니다. 왜냐하면 양도일 이후만 임대주택이 1세대 1주택 보유 기간이기 때문입니다. 따라서 양도일 이전의 양도차익에 대하여서는 양도소득세를 납부하여야 한다는 점도 고려하여야 합니다.

## 양도 순서

1세대 다주택자인 경우에는 양도차익이 적은 주택부터 양도하면 유리합니다. 예를 들어 양도차익이 4억 원인 A주택과 양도차익이 6억 원인 B주택이 있습니다. A주택을 먼저 양도할 경우에는 4억 원의 양도차익에 대하여서 양도소득세를 납부하고, B주택은 1세대 1주택 비과세 요건을 충족하게 될 경우에는 추가적인 세금 납부는 발생하지 않습니다. 반대로 B주택을 먼저 양도할 경우에는 6억 원의 양도차익에 대하여서 양도소득세를 납부하고, A주택은 동일하게 1세대 1주택 비과세 요건을 충족하게 될 경우에는 추가적인 세금 납부는 발생하지 않습니다. 어떤 양도 순서가 유리할지는 종합적으로 따져 보아야겠지만, 일반적으로 양도차익이 적은 주택부터 양도하면 양도소득세가 절세됩니다.

여기서부터는 상속과 관련된 절세 방안을 보도록 하겠습니다.

## 상속재산과 부채의 상관관계

상가건물과 같은 부동산을 상속할 때는 전세를 놓은 상태에서 상속하는 것이 유리합니다. 상속재산의 부동산은 아파트와 같은 매매사례가액이 있는 경우 등을 제외하고는 대부분 공시지가 및 기준시가에 의하여 평가됩니다. 그런데 이와 같은 기준시가는 실제 거래되는 가액(시가)의 70% 상당액 금액에 불과한 경우가 대부분입니다. 그리고 전세보증금(임대보증금)은 부채로서 상속재산에서 공제됩니다. 따라서 전세보증금(임대보증금)만큼은 상속재산이 감소하는 효과가 생깁니다. 예를 들어 시가가 10억 원인 빌딩과 임대보증금 4억 원을 상속한다고 가정하여 보겠습니다. 빌딩은 매매사례가액이 없다면 시가의 70% 상당액인 7억 원으로 평가가 될 것입니다. 따라서 세법상 평가액 7억 원에 임대보증금 4억 원을 차감한 3억 원에 대하여서 상속세가 과세될 것입니다. 그러나 빌딩을 현금으로 상속한 경우에는 10억 원 시가에서 4억 원을 차감한 6억 원이 상속세가 과세될 것입니다. 따라서 상속에 대하여서도 전문가와의 상담을 통하여 최대한의 절세를 하시길 권장 드립니다.

## 장례비용

장례비용이 500만 원을 초과할 경우에는 관련 영수증을 잘 챙겨야 합니다. 왜냐하면 우리나라 상속세법에서는 장례비용이 얼마이든지 간에 최소 500만 원은 공제하여 주기 때문입니다. 따라서 500만 원을 초과하여 비용으로 인정받기 위하여서는 지출 입증을 증빙 등으로 하여야 합니다. 그리고 세법에서 말하는 장례비용은 사회통념상 인정되는 장례비용을 이야기합니다. 예를 들어 직접적인 장례비용은 물론 간접적인 비용인 사망을 알리는 공고비 등도 장례비용으로 보고 있습니다.

## 금융자산 vs 부동산

상속 시에는 금융자산보다는 부동산으로 상속하는 것이 유리합니다. 금융자산은 재산가치 전액에 대하여 상속세 과세대상가액이 됩니다. 그러나 부동산을 시가로 평가하기에는 어려움이 많아 주로 상속세 및 증여세법에 따른 보충적 평가방법(기준시가)으로 평가를 합니다. 일반적으로 기준시가는 부동산 시가의 70% 상당액 금액에 불과한 경우가 대부분입니다. 물론 세법에서도 금융자산과 부동산의 과세형평성을 고려하여 금융재산의 경우도 금융재산상속공제 규정을 두어 금융자산가액의 20%를 공제받을 수 있긴 합니다. 더욱이 대출을 받아 부동산을 구입한 경우라면 대출금은 부채로 보아 상속재산에서 차감되어 유리한 측면이 더 많습니다. 그러나 부동산을 상속할 경우에는 금융자산과 달리 취득세 및 등록세 등의 추가 비용은 존재합니다.

## 상속세 vs 증여세 (1)

합산과세 되는 상속세보다 개별과세 되는 증여세가 절세의 수단일 경우가 있습니다. 상속세는 피상속인이 남긴 재산액 모두를 합친 금액에 대하여 과세되지만 증여세는 증여를 받은 개인별로 계산하여 증여세를 납부하게 됩니다. 따라서 단순하게 보면 합산과세 되는 것보다 개별과세 되는 증여세가 절세수단으로 볼 수 있습니다. 더욱이 10년 간격으로 증여세의 부담 없이 배우자에게는 6억 원, 자녀에게는 5,000만 원(미성년자는 2,000만 원)까지 증여재산공제가 가능합니다. 따라서 10년마다 증여하는 방식을 통하여 상속에 대비할 수 있습니다. 그러나 증여세의 경우에는 각종 공제금액이 상속세보다 적으므로 반드시 증여가 유리하다고는 말할 수 없습니다. 다방면으로 검토한 후 결정하길 추천하여 드립니다.

## 상속세 vs 증여세 (2)

반대로 상황에 따라 상속세가 증여세보다 절세의 수단일 수 있습니다. 우리나라 상속세는 취득과세방식이 아닌 유산과세방식을 선택하고 있습니다. 따라서 피상속인이 남긴 유산 총액에 대하여 누진세율을 적용하여 세액을 먼저 계산합니다. 그리고 이를 상속인이 받을 지분 비율대로 상속세를 안분합니다. 따라서 누진세율을 고려하여 보면 각자 납부하는 증여세보다 상속세가 세 부담이 더 클 수밖에 없습니다. 그 대신 상속의 경우에는 증여의 경우보다 훨씬 더 많은 각종 공제제도를 두고 있습니다. 따라서 공제제도를 잘 활용하면 상속세가 더 나은 절세 수단일 수 있습니다.

## 증빙 보관

상속개시일 전 1년(2년) 이내에는 재산의 처분을 되도록 하지 말아야 합니다. 혹시 처분하면 그 처분대금의 증빙을 잘 보관하여야 합니다. 왜냐하면 상속개시일 1년(2년) 이내에 처분한 재산으로서 용도가 불분명한 경우 그 금액 합계액이 2억 원(5억 원) 이상인 경우에는 상속재산에 포함됩니다. 그리고 상속재산에 포함되었을 때 평가는 기준시가가 아닌 실제 매매된 가격으로 평가하게 됩니다.

---

**추정상속재산**

상속개시일 전 재산을 처분하여 받거나 인출한 재산가액 또는 부담한 채무가 아래에 해당되는 경우로서 용도가 객관적으로 명백하지 아니한 금액은 이를 상속인이 상속받은 것으로 추정하여 상속세 과세가액에 산입됩니다.

- 1년 이내 : 재산종류별로 2억 원 이상인 경우
- 2년 이내 : 재산종류별로 5억 원 이상인 경우

재산종류별 : ㉠ 현금·예금·유가증권, ㉡ 부동산 및 부동산에 관한 권리, ㉢ 그 밖의 자산

추정상속재산=용도 불분명한 금액-Min(처분재산가액, 인출금액, 채무부담액×20%, 2억 원)

---

## 상속재산 양도 시기

상속(증여)재산 받고 자산을 곧바로 처분하여서는 안 됩니다. 상속(증여)재산의 평가기준일은 상속개시일인 사망일이나 증여일입니다. 그러나 상속개시일 및 증여일의 시가를 객관적으로 확인하기가 어렵기 때문에 세법에서는 상속개시일을 전후하여 6개월(증여의 경우에는 증여일 전 6개월~증여일 후 3개월) 동안에 매매가액이나 경매가액, 감정가액 등이 있는 경우에는 이를 시가로 보도록 하고 있습니다. 그리고 시가 등이 없는 경우에는 보충적 평가방법인 기준시가에 의하여 재산을 평가하도록 되어 있습니다. 따라서 상속(증여)받은 자산을 6개월(3개월) 이내에 처분하면 기준시가보다 훨씬 높은 실제 처분 금액으로 상속(증여)재산이 평가될 수 있으므로 주의하여야 합니다.

## 배우자 상속재산

배우자가 상속을 많이 받을수록 세금이 절세됩니다. 상속세법상 배우자 상속공제는 배우자가 실제로 상속받은 금액을 공제하도록 되어 있습니다. 그러나 배우자가 실제로 상속재산을 받지 않더라도 최소 5억 원은 공제를 하여 줍니다. 그러나 배우자 상속공제 적용 금액이 민법상의 배우자 지분을 초과할 수는 없습니다. 따라서 배우자에게는 법정상속지분까지 최대한 상속하는 것이 상속세를 절세하는 방법입니다. 이 경우 배우자 상속지분에 대하여서는 상속세 신고기한으로부터 6개월 이내에 상속등기가 이루어져야 합니다.

한 권으로 끝내는 절세 노하우

## 상속세 및 증여세법 법령 제19조 [배우자 상속공제]

①거주자의 사망으로 상속이 개시되어 배우자가 실제 상속받은 금액의 경우 다음 각 호의 금액 중 적은 금액을 한도로 상속세 과세가액에서 공제한다. <개정 2016. 12. 20.>

01. 다음 계산식에 따라 계산한 한도금액

한도금액 = (A - B + C) × D - E

A: 대통령령으로 정하는 상속재산의 가액
B: 상속재산 중 상속인이 아닌 수유자가 유증 등을 받은 재산의 가액
C: 제13조 제1항 제1호에 따른 재산가액
D: 민법 제1009조에 따른 배우자의 법정상속분(공동상속인 중 상속을 포기한 사람이 있는 경우에는 그 사람이 포기하지 아니한 경우의 배우자 법정상속분을 말한다)
E: 제13조에 따라 상속재산에 가산한 증여재산 중 배우자가 사전 증여받은 재산에 대한 제55조 제1항에 따른 증여세 과세표준

02. 30억 원

②제1항에 따른 배우자 상속공제는 제67조에 따른 상속세과세표준신고기한의 다음 날부터 6개월이 되는 날(이하 이 조에서 "배우자상속재산분할기한"이라 한다)까지 배우자의 상속재산을 분할(등기·등록·명의개서 등이 필요한 경우에는 그 등기·등록·명의개서 등이 된 것에 한정한다. 이하 이 조에서 같다)한 경우에 적용한다. 이 경우 상속인은 상속재산의 분할사실을 배우자상속재산분할기한까지 납세지 관할 세무서장에게 신고하여야 한다.

③제2항에도 불구하고 대통령령으로 정하는 부득이한 사유로 배우자상속재산분할기한까지 배우자의 상속재산을 분할할 수 없는 경우로서 배우자상속재산분할기한[부득이한 사유가 소(訴)의 제기나 심판청구로 인한 경우에는 소송 또는 심판청구가 종료된 날]의 다음 날부터 6개월이 되는 날(배우자상속재산분할기한의 다음 날부터 6개월을 경과하여 제76조에 따른 과세표준과 세액의 결정이 있는 경우에는 그 결정일을 말한다)까지 상속재산을 분할하여 신고하는 경우에는 배우자상속재산분할기한 이내에 분할한 것으로 본다. 다만, 상속인이 그 부득이한 사유를 배우자상속재산분할기한까지 납세지 관할 세무서장에게 신고하는 경우에 한정한다. <개정 2014. 1. 1.>

④제1항의 경우에 배우자가 실제 상속받은 금액이 없거나 상속받은 금액이 5억원 미만이면 제2항에도 불구하고 5억 원을 공제한다.

## 보험가입 절세

　보험가입도 잘만 하면 훌륭한 상속세의 절세수단이 됩니다. 대표적 예인 생명보험을 이용하여 절세방안을 서술하여 보겠습니다. 일단 먼저 알고 있어야 할 점은 보험료를 내는 보험계약자와 보험금을 받는 보험수익자를 동일인으로 하면 피상속인 사망 시 지급받는 생명보험은 상속재산에 포함되지 않는 것입니다. 다시 말하여 생명보험에 대한 보험료를 자녀가 납부한 경우 지급받는 생명보험도 자녀의 소득이지 상속재산은 아닌 것입니다. 그러나 자녀가 보험료를 실제 납부한 것에 대한 소명이 필요할 수 있습니다. 혹시 자녀가 무소득자라면 다음과 같은 절세 플랜을 이용하면 됩니다. 자녀가 미래에 걸쳐 납부할 보험료 상당액을 미리 증여하는 것입니다. 증여재산공제 등이 있어서 증여세가 부담스럽게 발생하지는 않을 것입니다. 그리고 증여신고를 한 후 자녀의 이름으로 보험 가입을 하면 됩니다.

---

### 주요 상속세 공제 목록

#### 기초공제

- 거주자 또는 비거주자의 사망으로 상속이 개시되는 경우 2억 원이 공제됩니다.
- 가업상속인 경우에는 가업상속 재산가액에 상당하는 금액(200억 원~500억 원 한도)을 추가로 공제합니다.
- 가업이란 상속개시일이 속하는 과세연도의 직전 과세연도 말 현재 중소기업 등으로서 피상속인이 10년 이상 계속하여 경영한 기업을 말하며, 법인가업인 경우 피상속인이 중소기업 등을 영위하는 법인의 최대주주 등으로서 그와 특수관계자의 주식 등을 합하여 해당 법인의 발행주식 총수 등의 100분의 50(상장법인은 30) 이상을 보유하는 경우에 한정합니다.
- 가업상속공제 한도액은 피상속인의 가업 영위 기간에 따라 다릅니다.

| 상속개시일 | 가업상속 공제액 | 피상속인의 가업<br>계속영위기간 | 공제한도액 |
|---|---|---|---|
| 2019년 현재 | - 가업상속 재산 가액 | 10년 미만 | 가업상속공제<br>적용 안 됨 |
| | | 10년 이상~20년 미만 | 200억 원 |
| | | 20년 이상~30년 미만 | 300억 원 |
| | | 30년 이상 | 500억 원 |

- 영농상속의 경우에는 피상속인이 영농(양축·영어 및 영림 포함)에 종사한 경우로서 상속재산 중 피상속인이 상속개시일 2년 전부터 영농에 사용한 영농상속재산의 전부를 상속인 중 영농에 종사하는 상속인(상속개시일 현재 18세 이상인 자로서 상속개시일 현재 2년 전부터 계속하여 직접 재촌하여 영농에 종사할 것)이 상속받은 농지, 초지, 산림지, 어선, 어업권 및 영농법인 주식 등에 대하여 15억 원*을 한도로 하여 공제합니다.
  * 2015.12.31. 이전 5억 원
- 가업상속공제, 영농상속공제를 적용받은 후 상속개시일로부터 10년(영농상속은 5년) 이내에 정당한 사유 없이 공제받은 재산을 처분하거나 가업 또는 영농에 종사하지 않는 경우에는 당초 공제받은 금액을 상속개시 당시의 과세가액에 산입하여 상속세를 부과받게 됩니다.
  ※ 피상속인이 거주자인 경우에만 가업상속공제 및 영농상속공제를 적용받을 수 있습니다.

### 배우자 상속공제
- 거주자의 사망으로 인하여 상속이 개시되는 경우로서 피상속인의 배우자가 생존하여 있으면 배우자 상속공제를 적용받을 수 있습니다
- 배우자 상속공제액
- 배우자가 실제 상속받은 금액이 없거나 5억 원 미만이면 5억 원 공제
  배우자가 실제 상속받은 금액: 배우자가 상속받은 상속재산가액(사전증여재산가액 및 추정상속재산가액 제외) - 배우자가 승계하기로 한 공과금 및 채무액 - 배우자 상속재산 중 비과세 재산가액
- 배우자가 실제 상속받은 금액이 5억 원 이상이면 실제 상속받은 금액(아래 공

제한도액 초과 시 공제한도액)을 공제합니다.

배우자공제한도액 : 다음 ①, ② 중 적은 금액

① (배우자 법정상속분*) - (배우자의 사전증여재산에 대한 증여세 과세표준)

② 30억 원

* 배우자 법정상속분 = (상속재산가액 + 추정상속재산 - 상속인 외의 자에게 유증·사인증여한 재산가액 + 가산한 증여재산가액 중 상속인 수증분 - 비과세·과세가액불산입 재산가액 - 공과금·채무) × (배우자 법정상속지분)

- 실제 상속받은 금액으로 배우자공제를 받기 위하여서는 상속재산을 분할(등기·등록·명의개서 등을 요하는 경우에는 그 등기·등록·명의개서 등이 된 것에 한함)한 경우에만 적용합니다. 이 경우 상속인은 상속재산의 분할사실을 배우자 상속분할기한까지 납세지 관할 세무서장에게 신고하여야 합니다.

- 다만, 상속인 등이 상속재산에 대하여 부득이한 사유로 분할할 수 없는 경우로서 분할기한(부득이한 사유가 소의 제기나 심판청구로 인한 경우에는 소송 또는 심판청구가 종료된 날) 다음 날부터 6월이 되는 날까지 상속재산을 분할하여 신고하면 배우자 상속재산 분할기한 이내에 신고한 것으로 봅니다.
이 경우 상속인은 그 부득이한 사유를 배우자 상속재산 분할기한까지 납세지 관할 세무서장에게 신고하여야 합니다.

## 그 밖의 인적공제

- 거주자의 사망으로 상속이 개시되는 경우 자녀 및 동거가족에 대하여 공제받을 수 있습니다.
- 자녀공제 : 자녀 1인당 5천만 원
- 미성년자공제 : 상속인(배우자는 제외) 및 동거가족 중 미성년자에 대하여는 1천만 원에 19세가 될 때까지의 연수를 곱하여 계산한 금액
- 연로자공제 : 상속인(배우자는 제외) 및 동거가족 중 65세 이상인 자에 대하여 5천만 원
- 장애인공제 : 상속인 및 동거가족 중 장애인에 대하여는 1천만 원에 통계청이 고시하는 통계표에 따른 성별·연령별 기대여명의 연수를 곱하여 계산한 금액
- 자녀공제는 미성년자공제와 중복 적용되며, 장애인공제는 자녀·미성년자·연로자공제 및 배우자공제와 중복 적용이 가능합니다.

## 일괄공제

- 거주자의 사망으로 인하여 상속이 개시되는 경우 기초공제 2억 원 및 그 밖의 인적공제액의 합계액과 5억 원 중 큰 금액을 공제할 수 있습니다.
- 그러나 상속인이 배우자 단독인 때에는 일괄공제를 적용받을 수 없고, 기초공제(가업·영농상속공제 포함)와 그 밖의 인적공제를 적용받습니다.
- 상속세 과세표준 신고가 없는 경우에는 5억 원(일괄공제)을 공제하며 배우자가 있는 경우 배우자공제를 추가로 적용받을 수 있습니다.

## 금융재산공제

- 거주자의 사망으로 인하여 상속이 개시된 경우 상속개시일 현재 상속재산가액 중 금융재산의 가액이 포함되어 있는 경우 그 금융재산가액에서 금융채무를 차감한 가액(이하 "순금융재산의 가액")을 공제합니다.
- 공제금액
- 순금융재산의 가액이 2천만 원 이하이면 당해 순금융재산가액 공제
- 순금융재산의 가액이 2천만 원 초과하는 경우 당해 순금융재산가액의 20% 또는 2천만 원 중 큰 금액 공제
- 순금융재산의 가액이 2억 원을 초과하면 2억 원을 공제
- 신고기한 내 미신고한 차명 금융재산은 공제배제(2016.1.1. 이후)
- 공제대상이 되는 금융재산가액은 「금융 실명거래 및 비밀 보장에 관한 법률」 제2조 제1호에 규정된 금융기관이 취급하는 예금·적금·부금·주식 등이며 최대주주 등이 보유하고 있는 주식 등은 포함되지 않습니다.

## 동거주택 상속공제

- 다음의 요건을 모두 갖춘 경우에는 주택가액의 80%(5억 원 한도)를 상속세 과세가액에서 공제합니다.
  ① 2009.1.1. 이후 상속분부터 적용
  ② 피상속인이 거주자일 것
  ③ 피상속인과 상속인(직계비속이며 미성년자인 기간 제외)이 상속개시일부터 소급하여 10년 이상 계속하여 하나의 주택에서 동거할 것
  ④ 상속개시일부터 소급하여 10년 이상 계속하여 1세대를 구성하면서 「소득세법」 제89조 제1항 제3호에 따른 1세대 1주택(같은 호에 따른 고가주택을

포함한다)일 것

다만, 아래의 경우 1세대가 1주택을 소유한 것으로 봄

- 피상속인의 일시적 2주택, 혼인합가, 등록문화재 주택, 이농·귀농 주택, 직계존속 동거봉양

⑤ 상속개시일 현재 무주택자로서 피상속인과 동거한 상속인이 상속받은 주택일 것

⑥ ④를 적용할 때 피상속인과 상속인이 대통령령으로 정하는 사유에 해당하여 동거하지 못한 경우에는 계속하여 동거한 것으로 보되, 그 동거하지 못한 기간은 같은 항에 따른 동거 기간에 산입하지 아니함

### 재해손실공제

- 거주자의 사망으로 인하여 상속이 개시된 경우에 상속세 신고기한 이내에 재난으로 인하여 상속받은 재산이 멸실·훼손된 경우에는 그 손실가액을 상속세 과세가액에서 공제합니다.

### 공제적용의 한도

- 거주자의 사망으로 인하여 상속이 개시되는 경우에 상속세 과세가액에서 기초공제·배우자공제·그 밖의 인적공제·일괄공제·금융재산 상속공제·재해손실공제·동거주택 상속공제를 공제하게 되는데

- 이들 공제금액의 총합계액은 아래의 산식에 의하여 계산한 공제적용한도액을 초과할 수 없으며, 공제한도액까지만 공제됩니다.

공제적용한도액 = 상속세과세가액 – 상속인이 아닌 자에게 유증·사인증여(증여채무 이행 중인 재산 포함)한 재산가액 – 상속인의 상속포기로 그다음 순위의 상속인이 상속받은 재산의 가액 – 상속세 과세가액에 가산하는 증여재산의 과세표준

여기서부터는 증여와 관련된 절세 방안을 보도록 하겠습니다.

## 증여 시기

기본적으로 증여는 시기가 빠를수록 좋습니다. 왜냐하면 자녀가 부모로부터 증여를 받는다 하더라도 상속세 및 증여세법상 5,000만 원(미성년자는 2,000만 원)까지는 증여재산공제 규정에 따라 증여세를 납부하지 않아도 됩니다. 따라서 10년에 5천만 원 또는 2천만 원에 상당하는 증여는 증여세를 걱정하지 않아도 됩니다. 그러나 창업자금 같은 큰 금액은 증여세에 대한 부담을 느낄 것입니다. 티끌 모아 태산이라는 속담이 있듯이 이러한 경우를 대비하여 소액이라도 사전에 미리미리 증여재산공제 규정을 이용하면 좋습니다. 그리고 미리 증여한 재산을 가지고 자산을 늘리면 됩니다. 최소 통장에만 넣어 두어도 자산을 불릴 수 있으니 확실히 좋은 절세 수단이 됩니다.

## 증여 서류 보관

10년간 증여재산공제액 범위 내에서 증여가 이루어진 경우 증여세가 비과세 되어서 증여세를 신고 · 납부할 의무가 없습니다. 그러나 근거를 전혀 남겨 놓지 않으면 세무서에서 사후에 검증이 왔을 때 증여재산을 면세점까지만 증여한 것을 증명하지 못하여 큰 화를 당할 수도 있습니다. 따라서 아예 면세점까지만 증여재산을 증여받고 증여세 신고를 하지 않는 것보다는 면세점보다 약간 높은 자산을 증여하고 증여세 신고를 통하여 증거를 남겨 놓는 것이 더 유리할 수 있습니다. 그래야 자금 원천을 당당하게 증명할 수 있어 향후 주택을 사거나 사업을 시작하는 경우 이를 자금 출처로 이용할 수 있습니다.

## 보험금 증여 수단

기본적으로 보험금보다는 보험료를 증여하는 것이 유리합니다. 기본적으로 보험계약자와 보험수익자를 자녀로 하게 되면 미래에 받게 되는 보험금은 상속재산에도 포함되지 않고 증여재산에도 포함되지 않습니다. 다만 납부한 보험료에 대하여서는 증여세를 납부하거나 자금소명을 하여야 합니다. 그러나 반대로 보험계약자가 부모였다고 하면 보험금 전액은 상속재산 및 증여재산에 포함하여 상속세나 증여세를 납부하여야 합니다. 따라서 보험금을 증여하여 주는 것보다는 증여재산 공제범위 내에서 보험료를 증여하여 주는 것이 절세 효과가 있습니다.

## 증여 시기

세법에서는 증여를 잘하였다는 소리를 들으려면 증여자가 증여 후 최소 10년 이상은 살아 계셔야 합니다. 상속세 및 증여세법에서는 피상속인의 사망을 예상하고 누진세율을 피하기 위하여 사전에 미리 증여하는 것을 대비하여 사전에 증여한 사전증여재산에 대하여 합산하여 누진세율을 적용한 상속세를 부과하고 있기 때문입니다. 따라서 합산과세가 되지 않기 위하여 증여 시기도 중요합니다.

## 현금 증여를 통한 절세

소득이 없는 자녀에게 부동산 등을 증여할 경우에는 금전도 같이 증여하여야 좋습니다. 왜냐하면 자녀에게 금전의 증여 없이 부동산을 증여할 경우에 그 자녀가 소득이 없다면 증여세 납부를 스스로 할 수 없습니다. 따라서 자녀가 증여세를 납부하지 못하는 상황이 발생하거나 혹시 납부하였다고 하더라도 증여세 납부한 자금에 대한 자금출처조사가 나올 수 있습니다. 그러므로 부동산 증여 시에는 최소 증여세를 납부할 자금도 같이 증여하거나 증여세에 대한 자금출처조사를 사전에 대비하여 두어야 합니다.

## 자산의 증여 순서

자녀에게 증여할 경우에는 수익성 자산을 먼저 증여하면 좋습니다. 수익성 자산을 먼저 증여하게 되면 그때부터는 합법적으로 수증자 자산이 됩니다. 따라서 수증자 자산이 된 후에는 가치가 증가하여도 수증자 귀속으로 보기 때문입니다. 예를 들어 상가 같은 자산을 먼저 증여하게 되면 재산으로부터 얻어진 임대료 수입이나 이자가 모두 자녀의 것으로 인정되어 향후 취득하는 자산에 대하여서도 자금출처조사 등을 대비할 수 있습니다.

## 증여 방법

동일한 재산도 증여 방법에 따라 세금에 차이가 납니다. 일반적으로 재산을 취득할 수 있는 자금을 증여하는 것보다는 재산을 취득하여 증여하는 것이 더 유리합니다. 예를 들어 2억 원을 성년인 자녀에게 증여한다면 증여세 부담액은 1,800만 원[{(2억 원-5,000만 원)×20%-1,000만 원}×90%(신고세액공제 10% 가정)]에 달하지만, 2억 원 상당의 부동산(국민주택 규모 이하의 주택으로 가정)을 취득하여 3개월 후 이를 증여한다면 기준시가를 70%로 환산하였을 때 증여재산가액은 1억 4,000만 원이고 이에 대한 증여세는 810만 원이 되는데, 명의이전에 따른 취득세(3.5%)와 지방교육세(0.3%) 532만 원을 포함하면 모두 1,342만 원이 되므로 458만 원의 차이가 생깁니다. 그러므로 증여는 사전에 세 부담에 대한 면밀한 검토를 바탕으로 적기에 적절한 방법으로 이루어져야 합니다.

## 주식 증여

주식을 증여할 경우는 주식의 증여 시점이 중요합니다. 주식은 주가는 수시로 변하기 때문에 세법에서는 주식을 증여한 경우 증여일 전후 2개월의 가격을 평균하여 증여재산을 평가하도록 규정되어 있습니다. 따라서 평균 주가가 낮을 때 증여를 하게 되면 절세 효과가 있습니다. 만약 평균 주가가 낮아서 증여를 하였는데 증여 후 2개월 동안 주가가 급등하면 평균 주가가 상승하게 되어 증여세가 많이 나올 수 있습니다. 따라서 이럴 경우에는 상속세 및 증여세법 규정에 따라 증여 후 3개월 이내에 증여재산을 반환하는 경우에는 처음부터 증여가 없었던 것으로 볼 수 있습니다. 따라서 증여를 하였지만 계속적으로 주가가 하락하는 경우에는 3개월 내에 이를 취소하였다가 다시 증여하는 것도 절세방안입니다.

## 증여 시기

증여 시기를 판단할 때 있어 기준시가나 공시가격의 공시일자를 생각하고 결정하면 좋습니다. 부동산의 고시가격은 시장가격 변화에 따라 매년 조정되는데, 일반적으로 토지의 공시지가는 5월 말에 공시됩니다. 그리고 일반건물, 오피스텔 등에 대하여서는 12월 말에 공시되며, 마지막으로 주택의 공시가격은 대개 4월 말에 고시됩니다. 따라서 가격이 상승하고 있다면 공시가격이 공시되기 전에 증여를 하면 좋고 가격이 하락하고 있다면 공시가격이 공시된 후에 증여를 하는 것이 유리합니다.

## 부담부증여

그리고 부동산 증여 시 부담부증여를 활용하면 절세할 수 있습니다. 양도차익이 상대적으로 적은 부동산은 단순한 증여보다 부담부증여를 활용하면 증여세 부담을 줄일 수 있습니다. 물론 채무 부분에 대하여서는 양도소득세를 내야 하지만 증여재산에서 제외되어 증여세 납세 의무는 발생하지 않습니다. 다만 부담부증여를 위하여서는 수증자가 채무 부분에 대하여서는 상환할 능력이 있어야 합니다. 세무서에서는 수증자에 의하여 채무가 상환되는지를 끝까지 사후관리 한다는 점을 간과하여서는 안 됩니다.

---

### 부담부증여

부담부증여(負擔附贈與)란 수증자가 증여를 받는 동시에 일정한 부담, 즉 일정한 급부를 하여야 할 채무를 부담할 것을 부수적(附隨的)으로 부관(조건)으로 하는 증여계약(예: 貸家를 증여하는데 賃家의 일부는 증여자의 처에게 주는 부담을 지는 것과 같은 경우)이다. 수증자가 부담받는 부담의 한도에서 증여로서 무상성(無償性)이 후퇴되므로 증여자의 담보책임에 관하여 특칙(特則)이 있다(대한민국 민법 제559조 2항). 또 증여의 규정 외에 쌍무계약(雙務契約)에 관한 규정이 일반적으로 준용된다(대한민국 민법 제561조). 증여는 수증자가 부담하는 반면 채무금액의 경우, 양도로 간주되어 주는 이가 양도소득세를 부담하므로 채무를 부담하는 형식으로 부담부증여를 하는 경우 부모가 세율이 상대적으로 낮은 양도소득세를 납부하게 되어 자녀에게 상속시 절세의 방법으로 활용된다.

학생일 때는 자신과 동떨어져 있을 줄 알았던 세금이, 사회 초년생이 되거나 자신의 사업을 시작하게 되면 바로 본인의 곁에 있는 가장 중요한 부분이라는 것을 깨닫게 될 것입니다. 사실 학생 때부터, 은행에서 돈을 입금하는 순간부터 비과세인지 과세인지 판단하며 통장을 만들어야 함에도 당시의 선택이 큰돈을 좌우하지는 않았기 때문입니다.

하지만 큰돈이 오고 가게 된다면, 세금과 절세는 아무리 강조하여도 지나치지 않을 정도로 상당히 중요한 부분입니다. 그래서 사회 초년생 분들과 창업을 새로 준비하시는 분들이 세금으로 인하여 골머리를 앓지 않았으면 하는 마음에서 조금이라도 더 쉽게, 하나라도 더 많이 알려드리고자 많이 고민을 하며 쓴 책입니다.

사실 워낙 세율이 자주 변하고, 세법이 자주 바뀌는 상황이라 전문가(세무사)의 조언을 구하는 것이 제일 좋은 절세법이지만, 본인 스스로도 어느 정도는 알아 두어야 한다는 게 제 생각입니다. 세금은 사업의 가장 기본이고, 또 그렇기에 세금에 관련하여서 사업가는 항상 준비되어 있어야 하기 때문입니다. 그래서 더더욱 누구나 고민하는 세금과 절세 문제에 대한 이야기를 시중에 나와 있는 다른 책들보다도 더 구체적으로 말하여 주고 싶었습니다.

현장에서 나온 수많은 질문을 추리고 핵심만을 쉽게 전달하여 드리려고 최대한 노력하였으니, 많은 분이 이 책을 읽고 언제 어디서든 세금에 관한 궁금증이 생기면 꺼내 볼 수 있기를 바랍니다.

# 한 권으로 끝내는 절세 노하우

**초판 1쇄 인쇄** 2019년 08월 23일
**초판 1쇄 발행** 2019년 09월 01일

**지은이** 김승현
**펴낸이** 류태연

**총괄기획** 위드에스마케팅
**편집** 김성은 **디자인** 박소윤 **마케팅** 유인철

**펴낸곳** 렛츠북
**주소** 서울시 마포구 양화로6길 57-14, 2층(서교동)
**등록** 2015년 05월 15일 제2018-000065호
**전화** 070-4786-4823 **팩스** 070-7610-2823
**이메일** letsbook2@naver.com **홈페이지** http://www.letsbook21.co.kr

**ISBN** 979-11-6054-311-7  13320